Renate Clausnitzer

Reiseziel unbekannt

Dr. Renate Clausnitzer wurde in Halle-Saale geboren und lebt mit ihrem Mann in Emmerting-Oberbayern. Sie war über 40 Jahre lang als Zahnärztin und Kieferorthopädin tätig. Daneben lehrte sie an der Zahnklinik der Ludwig Maximilians Universität München und mehreren Logopädenlehranstalten. Mit ihrem Mann Prof. Dr. Volkmar Clausnitzer entwickelte sie entscheidende wissenschaftliche Vertiefungen der Schlucktherapie, die in drei Fachbüchern publiziert sind. Darüber hinaus ist sie bekannt durch zahlreiche Veröffentlichungen in Fachzeitschriften und wissenschaftlichen Sammelbänden.

Renate Clausnitzer

Reiseziel unbekannt

Zeitzeugenbericht über das Leben deutscher Flugzeugbauer, die nach dem Zweiten Weltkrieg in die Sowjetunion deportiert wurden

Bibliografische Information der Deutschen Nationalbibliothek

Die Deutsche Nationalbibliothek verzeichnet diese Publikation in der Deutschen Nationalbibliografie; detaillierte bibliografische Daten sind im Internet über http://dnb.dnb.de abrufbar.

www.opusmagnum.de
Version 1.0
Die Umschlagabbildung ist die Fotokopie einer Handzeichnung von Emil Blümel (Flugzeug-Ingenieur).
Herstellung: BOD Books on Demand GmbH., Norderstedt

ISBN 13: 978-3-95612-104-3

Inhalt

Prolog

Im Ruhestand angekommen, überdenkt man die verschiedenen Etappen seines Lebens und versucht sie zu werten. Ich erinnere mich jetzt an Erlebnisse, die fast aus meinem Gedächtnis geschwunden waren und mich doch wesentlich geprägt haben. Dazu gehören die sechs Kindheits- und Jugendjahre, die ich mit meinen Eltern in Sowjetrussland verbrachte.

Deutschland wurde nach Beendigung des Zweiten Weltkriegs gemäß den Beschlüssen der Siegermächte auf der Konferenz von Jalta im Februar 1945 in vier Besatzungszonen aufgeteilt. Aus der ihnen zugesprochenen Zone sollten die Alliierten ihre Reparationen erhalten. Diese bestanden zum einen in der Lieferung verschiedenster materieller Güter aus der laufenden Produktion. Zum anderen sollten ganze Industrieanlagen samt den Ergebnissen der technischen und wissenschaftlichen Forschungen demontiert und zusammen mit vielen der dort Beschäftigten in die Siegerländer gebracht werden. Um den Reparationsfluss zu sichern, wurde das Deutsche Reich bereits vor Kriegsende von Agententeams mit einem Informationsnetz überzogen. Sowohl die Sowjets als auch die Amerikaner, Briten und Franzosen wollten den Wissensvorsprung der Deutschen, den diese vor allem im Bereich der Militärtechnik besaßen, für sich nutzen.

Die Truppen der USA und Großbritanniens erreichten zwei Monate früher als die Rote Armee Mitteldeutschland, das Gebiet, in dem damals mehr als 60 Prozent der deutschen Luftfahrtindustrie angesiedelt waren. Allerdings mussten die Westmächte im Juli 1945 Thüringen, Teile Sachsens und Sachsen-Anhalts entsprechend den in Jalta zwischen den Alliierten getroffenen Absprachen verlassen. Damit verfügten die Russen schätzungsweise über 600 Haupt- und Zulieferbetriebe, die in irgendeiner Weise für die faschistische Flugzeug- und Raketenindustrie gearbeitet hatten.

Zunächst wurde in der Sowjetischen Besatzungszone mit der Demontage der Flugzeugwerke begonnen. Diese wurden aber bald wieder instand gesetzt mit dem Ziel, Projekte zu rekonstruieren, deren Originalunterlagen amerikanische Truppen bei ihrem Abzug im Juli 1945 aus Mitteldeutschland mitgenommen hatten. Das besondere Interesse der Sowjets galt den Strahlflugzeugen, den Strahltriebwerken, der Hochgeschwindigkeitstechnik und den Bordgeräten. So wurde in den halleschen Siebelwerken an dem Hochgeschwindigkeitsflugzeug DFS-346 und in den Junkerswerken Dessau an verschiedenen Militärflugzeugen, z. B. an den Strahlbombern EF-131 und EF-123, weiter gebaut.

Die seit Mitte 1945 gebildeten entsprechenden technischen Büros wurden im April 1946 in Sonderkonstruktionsbüros (OKB) aufgewertet. Diese Büros wurden von sowjetischen Spezialisten geleitet. Ihre Mitarbeiter waren hauptsächlich deutsche Wissenschaftler, Ingenieure, Techniker und Facharbeiter. Russische Experten stellten nur einen geringen Anteil am wissenschaftlich-technischen Personal. Die Werksanlagen der OKBs waren im Krieg zum großen Teil zerstört worden und mussten wieder aufgebaut werden. Weitere Spezialkräfte wurden mit der Aussicht auf hohe Gehälter und eine sichere Karriere angeworben. Aus den Westzonen allerdings folgten diesem Angebot nur wenige bedeutende Experten. Trotzdem stieg die Zahl der Mitarbeiter in den OKBs stetig an. Die Betriebe liefen also nach der Kapitulation Deutschlands für eineinhalb Jahre weiterhin in den bis dahin bestehenden Strukturen, aber unter russischer Aufsicht. Dadurch konnten sich die Sowjets einen Überblick über die Qualifikation des Personals verschaffen, wonach sie 1946 die Mitarbeiter auswählten, die in die UdSSR deportiert werden sollten. Dabei spielte deren politische Vergangenheit keine Rolle.

Die in dieser Zeit öfter aufflackernden Ängste der Flugzeugbauer, dass ihr Arbeitsplatz möglicherweise nach Russland verlegt werde, wurden immer wieder zerstreut. Aber tatsächlich war bereits im April 1946 von der sowjetischen Führung festgelegt worden, dass viele Betriebe des Flugzeugbaus samt ihren Mitarbeitern in die Sowjetunion deportiert werden sollten. Dort wurden entsprechende Werke auf das Eintreffen des Reparationsgutes und der deutschen Spezialisten vorbereitet, allerdings in unzureichender Weise. So gelangten im Oktober 1946 in einer erstaunlich gut organisierten Aktion über 5000 Personen in verschiedenste Orte Russlands. Die Mitarbeiter der Siebelwerke Halle und ein Teil der Junkersleute aus Dessau kamen in das Dorf Podberesje unweit von Moskau.

Die Russen stehen vor der Tür

Vor einem der großen Miethäuser der Lindenstraße in Halle (Saale) hielt am 22. Oktober 1946 in spätherbstlicher Morgendämmerung ein Lastwagen der sowjetischen Armee. Die Straßen waren um diese Zeit fast menschenleer, die Gaslaternen brannten noch. Von dem Auto sprangen drei Soldaten herunter, aus dem Fahrerhaus stieg eine Frau in Uniform aus. Alle Vier gingen auf die Tür des Hauses Nr. 75 zu, die sich nach dem Läuten öffnete. Die Klingel hatte bei Familie Bloch geschrillt. Als die Soldaten die letzten Stufen zur ersten Etage genommen hatten, stand Paul Bloch bereits vor seiner Wohnungstür. Die Gewehre über den Schultern der Männer beunruhigten ihn, er war völlig verstört. Die Rotarmisten drängten ihn zur Seite und standen im Nu zusammen mit der uniformierten Frau in der Wohnung, deren Tür sie sofort hinter sich schlossen. Die Russin, die die Dolmetscherin war, erklärte den Grund dieses Überfalls. Sie sagte, dass die Siebel-Flugzeugwerke, in denen Paul seit einigen Jahren als Ingenieur tätig war, samt ihren Mitarbeitern für unbestimmte Zeit in die Sowjetunion verlagert werden. Eine schriftliche Erklärung bzw. einen Dienstvertrag gab es nicht. Zustimmung wurde nicht erwartet, aber eine Weigerung war ausgeschlossen.

Paul war derart schockiert, dass er kreidebleich wurde. Die Dolmetscherin versicherte, dass viele von seinen Arbeitskollegen beim Packen seien und er sie in Kürze auf dem Bahnhof treffen werde. Lotti, Pauls Ehefrau, die die Erklärungen der Russin mit angehört hatte, brach in Tränen aus. Vor Russland und seinen Menschen hatte sie wie viele Deutsche Angst. Die Dolmetscherin wies darauf hin, dass die Angehörigen nicht unbedingt mitreisen müssten, obwohl das bei einem mehrjährigen Aufenthalt des Familienvaters in der UdSSR wünschenswert wäre. Lotti entschloss sich sofort, gemeinsam mit der Tochter dem Ehemann und Vater zu folgen.

Durch den Tumult war die achtjährige Renate aufgewacht. Ihr wurde erklärt, was das alles bedeutet. Das Mädchen fürchtete sich vor den Soldaten und schluchzte hemmungslos. Nein, sie wollte nicht mit nach Russland. Sie wollte bei ihrer Oma Kandler bleiben. Diese wohnte auch in der Lindenstraße 75, eine Etage höher. Sie war infolge des ungewöhnlichen Treibens im Hause zu ihren Kindern heruntergeeilt. Die Oma streichelte und tröstete ihre Enkeltochter, aber bei sich behalten konnte und wollte sie das Mädchen nicht: „Ein Kind gehört zu den Eltern."

Die Russen wurden ungeduldig und drängten darauf, endlich mit dem Einpacken zu beginnen. Die Dolmetscherin riet der Familie, alles mitzunehmen, was sie besitze; also alle Möbel, den gesamten Hausrat und auch die Vorräte. Das werde sie alles gut gebrauchen können, denn in der Sowjetunion seien infolge des Krieges alle lebensnotwendigen Güter sehr knapp. Trotzdem beschloss Paul, nur das Allernotwendigste einzupacken und schon gar nicht die schöne Einrichtung ihrer Wohnung, die aus Speise-, Herren- und Schlafzimmer sowie Küche bestand. Von den Großeltern ausrangierte Möbel wurden vom Boden geholt. Ein zweitüriger klappriger Kleiderschrank, drei Bettgestelle samt Matratzen, ein Tisch, drei Stühle und ein altes weinrotes Plüschsofa mit Fransen wurden auf den LKW geladen. Außerdem wurde eine Kommode aus der Küche mitgenommen, die ein Extrafach für ein Waschbecken hatte und deshalb von Blochs auch in ständiger Benutzung war, denn ihre Wohnung hatte kein Bad. Selbst die Kleidungsstücke sowie Bettwäsche und Handtücher wurden nicht alle eingepackt. Vom Hausrat nahm man ebenfalls nur das Allernötigste mit, geschweige denn die Vorräte an Nahrungsmitteln, an denen es bei Blochs nicht mangelte. Pauls Mutter lebte noch in dem Dorf bei Halle, aus dem er stammte. Sie fütterte ein Schwein, eine Ziege und viele Hühner. In ihrem großen Garten erntete sie Kartoffeln, Gemüse und Obst. Fast alles verteilte sie an ihre Kinder. Daher stammten Blochs Vorräte. Kartoffeln und die vielen Einweckgläser, teils mit Obst und Gemüse, teils mit Fleisch gefüllt, blieben im Keller. Das Zurückgelassene sollte von Lottis Eltern verwaltet bzw. verbraucht werden.

Als alles, was mitgenommen werden sollte, im Auto verstaut war, halfen die Soldaten den drei Blochs nach tränenreichem Abschied von den Großeltern über die Planke auf den Lastwagen. Los ging die Fahrt, und sie endete auf dem Bahnhof von Landsberg bei Halle. Und tatsächlich, dort waren bereits viele Siebelaner mit dem Umladen ihres Mobiliars von den Lastwagen in die Waggons des bereitstehenden langen Zuges beschäftigt. Es war Realität, es ging nach Russland.

Ähnliche Szenen wie bei Blochs hatten sich bei vielen Familien in Halle abgespielt und nicht nur in Halle, sondern auch in einer Reihe anderer Städte der Sowjetischen Besatzungszone, z. B. in Staßfurt, Berlin-Teltow, Rostock, Dresden und Dessau. Auch dort fuhren am frühen Morgen des 22. Oktober 1946 LKW-Kolonnen des sowjetischen Militärs ein. Sie hielten vor den Häusern bzw. Wohnungen vieler in Flugzeugwerken tätiger Ingenieure, Wissenschaftler, Meister und Facharbeiter, um deren Hab und Gut aufzuladen und samt ihren Besitzern zu naheliegenden Bahnhöfen zu transportieren. Ebenso wie in Halle wurden die entsprechenden Betriebe demontiert und an verschiedenen Orten der Sowjetunion wieder aufgebaut.

Die Bildung von Sonderkonstruktionsbüros war also einer der ersten Schritte, die die Russen unternahmen, um in den Besitz des wissenschaftlich-technischen Know-how der deutschen Flugzeugindustrie zu gelangen. Der nächste Schritt bestand dann in der Verlagerung vieler dieser Betriebe samt ihren Mitarbeitern in die UdSSR.

Die Fahrt nach Russland und die Ankunft in Podberesje

Während Paul die wenigen Blochschen Habseligkeiten in Landsberg vom Laster in einen Waggon umlud, wurde seiner Frau und Tochter ein Abteil dritter Klasse im bereitstehenden Zug zugewiesen. Dort packte die Familie später die erhaltenen Proviantpakete aus, die Knäckebrot, Wurst in Dosen, Speck, Trockenpflaumen und weiße Bohnen enthielten. Lotti bemerkte mit Galgenhumor: „Mit Speck fängt man Mäuse." Nachdem die russischen Soldaten nochmals heißen Tee ausgeteilt hatten, war der Zug abfahrbereit. Mit mäßigem Tempo tuckelte er los und hielt ziemlich oft auf freier Strecke. Diese häufigen Unterbrechungen der Fahrt resultierten daraus, dass durch die Demontage des zweiten Gleises in der gesamten Sowjetischen Besatzungszone die Strecken stark ausgedünnt waren. Außerdem rollten nicht nur aus Halle und Dessau, sondern – wie bereits erwähnt – auch aus anderen Städten Ostdeutschlands Sonderzüge in Richtung Russland.

Nach Einbruch der Dunkelheit ging es durch Polen. Vor der polnischen Grenze wurden die Passagiere von dem Wachpersonal angewiesen, sich flach auf den Boden zu legen und während der gesamten Fahrt durch dieses Land in der gleichen Stellung zu verharren. Durch Schüsse, die ober- und unterhalb der Waggons von sowjetischen Soldaten abgefeuert wurden, sollten die Deutschen vor eventuellen Angriffen seitens der Anhänger der polnischen antikommunistischen Untergrundorganisation geschützt werden. Diese Organisation wurde durch die polnische Exilregierung gesteuert, die während der faschistischen Besetzung Polens nach London emigriert war. Vor allem aber sollte durch die genannten Schutzmaßnahmen verhindert werden, dass Güterwagen mit den Möbeln der Deutschen während der Fahrt abgekoppelt und ausgeraubt werden konnten. Schon öfter waren Anschläge auf sowjetische Transporte beim Transit durch polnisches Territorium verübt worden. Aber dieses Mal verlief die Fahrt bis zur sowjetischen Grenze reibungslos.

In Brest, der ersten Stadt in der UdSSR, stiegen die Reisenden in russische Liegewagen um, und die mit dem Mobiliar beladenen Waggons wurden auf Radgestelle mit breiterer Spur gesetzt. Dieses Manöver dauerte mehrere Stunden. Die Zeit wurde genutzt, um die Passagiere mit einer warmen Mahlzeit, Tee und heißem Wasser zu versorgen. Dann ging es weiter, jetzt etwas bequemer. Man konnte sich auf den Liegen ausstrecken und dadurch nachts besser schlafen. Allerdings waren die Abteile nicht vollkommen voneinander getrennt, ein Längsgang verband sie miteinander. Am nächsten Morgen überraschte eine der mitreisenden Ehefrauen mit der Botschaft: „Wanzen!“ Ihr kleiner, knapp einjähriger Sohn war mit Stichen übersät. Auch Paul war völlig zerstochen und hatte schon einige dieser Tierchen zerquetscht. Aber das waren nur die kleinen Sorgen der Deutschen gegenüber den ständig quälenden Fragen: Wo wird die Reise enden? Wo und wie werden wir leben? Und kommen wir jemals wieder nach Hause zurück?

Der Blick aus dem Zugfenster traf auf tief verschneite Wälder und endlose weiße Ebenen. Vereinzelt waren Hütten mit ihren aus den Schneemassen ragenden Schornsteinen erkennbar. Bei den abendlichen bzw. nächtlichen Fahrten durch große Städte erstaunte die Deutschen immer wieder, dass fast jedes Fenster der Häuser erleuchtet war. Sie wussten zu dieser Zeit noch nicht, dass eine russische Familie, unabhängig von der Personenzahl, meist nur ein einziges Zimmer bewohnte.

Obwohl der Anlass und die Begleitumstände dieser Reise deprimierend waren, war die allgemeine Stimmung zwar gedrückt, aber nicht verzweifelt. Bei den

Ingenieuren, Chemikern, Physikern, Mathematikern, Technikern und Handwerksmeistern verschiedener Provenienz und ihren Familien handelte es sich meist um Menschen jüngerer oder mittlerer Jahrgänge. Ihr Optimismus und ihr Lebenswille ließen sie die schwierigen Situationen meistern, obwohl die Schicksalsschläge, die manche Familie auf dieser Reise noch treffen würden, mehr als tragisch waren. So erkrankte ein Säugling unterwegs schwer, ein Arzt war nicht zur Stelle, das Kind starb. Dieses furchtbare Ereignis sollte geheim gehalten werden, es ließ sich jedoch nicht verschweigen. Alle im Zug, die es erfuhren, waren tief erschüttert.

Aber nichts konnte diese Fahrt ins Ungewisse aufhalten. Weiter ging es, und nach einigen Tagen endete die Reise auf einem größeren Bahnhof, nämlich dem der Stadt Dmitrow, die aber nicht das Endziel war. Während die Männer die Waggons entluden, wurden die Frauen und Kinder mit Bussen zu ihrem zukünftigen Wohnort Podberesje gebracht. Dorthin gelangten sie auf einer Landstraße entlang dem Moskau-Wolgakanal, die schließlich durch einen langen Tunnel unterhalb der Wolga führte. Die Tunnelwände waren feucht, und Renate war es ängstlich zumute.

Endlich war Podberesje in Sicht, das heißt, es waren einige mehrstöckige Steinhäuser zu erkennen. Die Frauen atmeten erleichtert auf: Sie würden in richtigen Häusern wohnen und nicht in Hütten, wie befürchtet. Allerdings traf das nicht auf alle Ankommenden zu. Mehrere Familien mussten einige Monate in Holzbaracken unter katastrophalen hygienischen Verhältnissen leben, Blochs glücklicherweise nicht.

Podberesje war ursprünglich ein Dorf, das sich ungefähr 120 Kilometer nördlich von Moskau auf dem linken Wolga-Ufer befand und sich in den Jahren 1933 bis 1937 zu einer Arbeitersiedlung entwickelt hatte. Hier lebten die Menschen, die beim Bau des Moskau-Wolgakanals, des Iwankowo-Stausees und des dazu gehörenden Wasserkraftwerks beschäftigt waren. Außerdem entstand in diesem Ort ein Flugzeugwerk, welches sich auf die Entwicklung und Fertigung von Wasserflugzeugen spezialisiert hatte, die künftige Wirkungsstätte der deutschen Experten. Podberesje ist heute ein Stadtteil Dubnas, einer Stadt, die durch das Vereinigte Institut für Kernforschung weltbekannt ist.

Anfang November 1946 trafen in Podberesje 522 deutsche Flugzeugspezialisten von Junkers, Siebel und Heinkel ein, die meisten mit ihren Familien. Das Dorf war auf ihre Ankunft vorbereitet, das heißt, es standen Räumlichkeiten für ihre Unterkunft bereit, allerdings nicht in genügendem Umfang. Das im Krieg beschädigte Wasserflugzeugwerk Nr. 458 wurde in Versuchswerk Nr.1 umbenannt. Es war nur mangelhaft instand gesetzt worden. Die in Deutschland abgebauten Maschinen und Einrichtungen kamen in Podberesje viel später an als die Flugzeugbauer. Deshalb bestand die Hauptaufgabe der deutschen Fachleute in den ersten Monaten nach ihrer Ankunft darin, die Gebäude in einen nutzungsfähigen Zustand zu versetzen. Aus dem ehemaligen Werk für Wasserflugzeuge gingen zwei OKBs hervor, OKB 1 mit vorwiegend Junkersfachleuten unter der Leitung von Brunolf Baade und OKB 2 mit Siebelflugzeugspezialisten, geführt von Heinz Rössing. OKB – „opitno-konstruktorskoje bjuro“ – war die Bezeichnung für ein von einem Luft-Raumfahrt-Ingenieur geleitetes sowjetisches Experimental-, Konstruktions- und Planungsinstitut. Der Vorgesetzte der beiden OKB-Chefs war General W. J. Abramow. In den beiden OKBs setzten dann die deutschen Spezialisten im Wesentlichen die in Halle, Dessau und Rostock ausgeführten Arbeiten fort.

Das Leben der Deportierten in Podberesje

Während der Busfahrt vom Bahnhof nach Podberesje erfuhr Lotti von der russischen Begleiterin, die nur mangelhaft deutsch sprach, dass sie mit ihrer Familie im Steinhaus Nr. 4 die Wohnung Nr. 2, bestehend aus zwei Zimmern, beziehen werde. Mutter und Tochter wurden am angegebenen Haus abgesetzt, und sie fanden auch sofort die Wohnung Nr. 2. Es handelte sich sogar um eine Dreizimmerwohnung mit Küche, Bad und Innentoilette. Lotti war freudig überrascht, eine doch recht komfortable Wohnung vorzufinden. Allerdings fragte sie sich, wie sie mit den wenigen Möbeln, die sie mitgebracht hatten, den zur Verfügung stehenden Wohnraum füllen sollte. Diese Sorge erwies sich aber bald als überflüssig, denn kurze Zeit darauf wurde auch Frau Reber mit ihren zwei Söhnen in dieses Quartier eingewiesen. Ihr war ebenso die Wohnung Nr. 2, allerdings als Dreizimmerwohnung, zugesprochen worden. Der Irrtum wurde von Frau Rebers russischer Begleiterin schnell aufgeklärt. Es habe alles seine Richtigkeit: Für Familie Reber mit vier Personen war der größte Raum der Wohnung, nämlich Zimmer Nr. 3, und für die dreiköpfige Familie Bloch das etwas kleinere Zimmer Nr. 2 vorgesehen. Die zuletzt eintreffende Frau Heinemann bekam für sich und ihren Mann den kleinsten Raum der Wohnung, nämlich Zimmer Nr. 1, weil es sich bei ihnen um ein kinderloses Ehepaar handelte. In der Dreizimmerwohnung fanden also neun Personen Unterkunft.

Die drei Frauen passten sich schnell der neuen Situation an, froh, dass sie nicht in Hütten leben mussten, und sie besichtigten gemeinsam Küche, Bad und Toilette. Die Küche war relativ groß, etwa zwölf Quadratmeter. Zu ihr gehörte ein kleiner, mit ofenfertigen Holzscheiten gefüllter Abstellraum. Das Brennmaterial war offensichtlich zum Beheizen des großen steinernen Kochherdes vorgesehen. Der Ofen hatte allerdings nur zwei Kochstellen und eine Wärmeröhre. Das Problem, dass auf diesem Herd für drei Familien zu gleicher Zeit gekocht werden sollte, wurde zunächst übersehen. Auch das Bad und die Toilette waren passabel. Besonders froh waren die drei Damen darüber, dass die Wohnung zentral beheizt werden konnte.

Am Abend trafen die Männer mit dem Möbeltransport ein. Blochs Mobiliar passte gut in das für sie bestimmte Zimmer, es war gefüllt, aber nicht überfüllt. Bei den beiden anderen Parten war das problematischer, denn sie hatten ihre gesamte Wohnungseinrichtung aus Deutschland mitgebracht. Sie konnten Küche, Bad und Flur noch als zusätzliche Stellmöglichkeiten nutzen. Das Kinderbett des jüngsten Sohnes der Familie Reber fand im Bad seinen Platz. Schon wenige Wochen nach dem Einzug der Deutschen in diese Parterrewohnung wurde eines Nachts von Russen eingebrochen, indem sie die Scheiben des Badfensters zerschlugen und dann einstiegen. Am Morgen bemerkten die Mieter, dass ihre im Bad und im Flur zum Trocknen aufgehängte Wäsche fehlte. Dem kleinen Thomas, der im Bad schlief, war nichts geschehen. Die Diebe hatten ihn sorgfältig zugedeckt, um ihn vor dem durch das zertrümmerte Fenster eindringenden Frost zu schützen.

Für die deutschen Männer begann nun der Arbeitsalltag, der sich in folgender Weise gestaltete: Um sieben Uhr ertönte im ganzen Ort eine Sirene, das Signal für die Werktätigen aufzustehen. Eine halbe Stunde später wurden sie auf die gleiche Art ermahnt aufzubrechen, um pünktlich um acht Uhr im Betrieb zu sein. Um zwölf Uhr wurde ebenfalls durch einen Sirenenton der Beginn der Mittagspause angezeigt und um dreizehn Uhr der Zeitpunkt, zu dem man die Wohnung verlassen sollte, damit um 13.30 Uhr die Arbeit wieder aufgenommen werden konnte. Unpünktlichkeit wurde hart bestraft, nämlich mit einem Tag Karzer. Das wollte jeder vermeiden. Ebenso ungewöhnlich war es für die Deutschen, dass der ganze Ort häufig durch Lautsprechermusik und Nachrichtensendungen beschallt wurde.

Der Winter war in diesem Jahr besonders früh mit aller Macht hereingebrochen. Der Schnee lag meterhoch, es herrschte klirrender Frost von minus 18 bis minus 30 Grad. Die Winterbekleidung der Zugereisten erwies sich als völlig unzureichend, mit einer solchen Kälte hatte niemand gerechnet. Zuerst wurde bei Blochs der Vater temperaturgerecht ausgestattet; er musste täglich mehrere Kilometer zum Werk laufen. Deshalb wurden zunächst nur für ihn Filzstiefel, die so genannten „Walenki", gekauft, die mehrere hundert Rubel kosteten, fast die Hälfte von Pauls Monatsgehalt! Diese Anschaffung war aber bei solchen Temperaturen unerlässlich. Von den meisten deutschen Familien konnte die Winterausstattung, die eine sehr große finanzielle Belastung darstellte, nur schrittweise bewerkstelligt werden. Als nächstes erhielt Paul eine „Schapka", eine mit Pelz gefütterte Mütze, die seitlich über die Ohren geklappt und unter dem Kinn zugebunden wurde. Ergänzend kam ein „Nasenschützer" hinzu, bestehend aus einem von Lotti gehäkelten breiten Wollband. Dieses wurde quer über die Nase bis zum Hinterkopf geführt, wo seine beiden Enden miteinander verknüpft wurden. Lange Unterhosen waren Bedingung, Pullover und Jackett unter dem Mantel waren natürlich auch erforderlich.

Gott sei Dank hatten Mutter und Tochter ihre Pelzmäntel aus Deutschland mitgebracht. Der Kaninchenmantel des Mädchens erwies sich als praktisch und erfüllte seinen Zweck sehr gut. Anders dagegen verhielt es sich mit Lottis Fohlenmantel, der zwar elegant aussah und den eisigen Wind abhielt, aber keineswegs direkt wärmte. Die unbedingt notwendigen Walenki fehlten beiden noch. Sie sollten sofort gekauft werden, wenn wieder genügend Geld beisammen war. Bis dahin musste der Aufenthalt von Lotti und Renate im Freien auf das Allernötigste eingeschränkt werden, um Erfrierungen zu vermeiden.

Die wohlsituierten Russinnen und Russen schützten sich vor dem Frost mit Pelzmänteln, deren Fell sich auf der Innenseite befand, den „Schubas“. Die Ärmeren hingegen mussten sich mit Wattejacken begnügen, unter denen die Frauen auch im Winter dünne Kattunkleider trugen. Während die deutschen Damen bei diesen Temperaturen lange Hosen bevorzugten, hatten die einfacheren Russinnen lilafarbene Wollschlüpfer an. Diese reichten bis unterhalb des Knies, also bis an die Filzstiefel heran und waren unter den leichten Kleidern, die im Winde flatterten, sichtbar. Der Kopf wurde durch dicke Tücher geschützt, die tief ins Gesicht gezogen wurden, so dass nur noch Augen, Nase und Mund unbedeckt blieben. Die Männer trugen Schapkas, manchmal aber auch die Frauen. Die Deutschen versuchten bei aller Zweckmäßigkeit noch modische Akzente zu setzen, so wie sie sie aus der Heimat in Erinnerung hatten. Zum Beispiel knüpften die Damen ihre Kopftücher zu einem turbanähnlichen Gebilde.

Die Freude der drei Frauen beim Einzug über die Zentralheizung in ihrer Wohnung erwies sich als voreilig. Was nützt die schönste Heizung, wenn sie kalt bleibt! Selbstbeheizbare Öfen wären praktischer gewesen. So saß man im kalten Zimmer mit Temperaturen um plus 12 Grad. Deshalb gab es Tage, an denen Renate im Bett bleiben musste. Allerdings wurde die Küche beim Essenkochen schön warm. Dort verbrachten die drei Ehepaare der Wohnung Nr. 2 die Abende des Öfteren gemeinsam bei einem Glas Wodka. Zum einen war es in der Küche noch angenehm warm, zum anderen konnten die Kinder ungestört einschlafen. Der Alkohol tat seine Wirkung und beflügelte die Fantasie. So wurden manchmal Fluchtpläne geschmiedet, die aber – nüchtern betrachtet – bei solchen Temperaturen und diesen Entfernungen nicht zu realisieren waren und schon gar nicht mit Kindern.

Der Holzvorrat im Nebengelass der Küche verringerte sich mit beängstigender Geschwindigkeit. Die Annahme der Deutschen, dass Holz nachgeliefert würde, erwies sich als Irrtum. Jetzt mussten sie sich selbst um Nachschub kümmern. Die Anzahl der vor den Wohnhäusern angepflanzten kleinen Bäume nahm stetig ab. Schließlich versorgten die Einheimischen die Zugereisten mit Feuerholz, welches ebenfalls illegaler Herkunft war. Sie fällten Bäume „schwarz" im Wald, das heißt, ohne behördliche Genehmigung, zerhackten sie und boten das ofenfertige Brennmaterial abends an der Wohnungstür zum Kauf an. Die dabei geforderten horrenden Preise zwangen die Deutschen, vom Kochen auf dem Küchenherd Abstand zu nehmen. Die Zubereitung der mittäglichen Mahlzeit für drei Familien auf einem Ofen mit nur zwei Kochstellen und dazu noch zur gleichen Zeit hatte ohnehin schon zu manchen Misshelligkeiten zwischen den Frauen geführt. Nach und nach schaffte sich jede eine elektrische Heizplatte und einen Petroleumkocher an. Je nachdem, ob Strom zur Verfügung stand oder nicht, wurde das eine oder das andere Gerät zur Bereitung der Mittagsmahlzeit benutzt. Diese bestand ohnehin meist nur aus einer Suppe oder aus Hirsebrei. Die gemütlichen abendlichen Zusammenkünfte in der Küche fielen nun leider weg.

Anni Reber, die mit ihrem Mann längere Zeit in Estland gelebt hatte, beherrschte die russische Sprache perfekt. Daher konnte sie in Erfahrung bringen, dass es in der Nähe einen Bauernmarkt gab. Anni, Maria Heinemann und Lotti Bloch machten sich trotz des strengen Frosts auf den Weg dorthin. Die deutschen Familien hatten ein Reiseentschädigungsgeld bekommen, das die

Einkaufslust der Damen weckte. Der Markt war weiter entfernt als gedacht. Lotti war nur mit Halbschuhen unterwegs, ihr fehlten noch die Filzstiefel. Sie kam mit blau gefrorenen Füßen zurück. Außerdem war sie um mehrere hundert Rubel, die sie unvorsichtigerweise mitgenommen hatte, „erleichtert“, sie waren ihr gestohlen worden. Lotti war darüber todunglücklich, und zusätzlich machte ihr Paul wegen des Geldverlusts schwere Vorwürfe.

Abb. 1: Unser Finnenhaus

Der Umzug ins Finnenhaus

Da der Wohnraum für die in Podberesje angekommenen Deutschen in keiner Weise ausreichte und viele von ihnen in völlig unzumutbaren Baracken untergebracht waren, mussten neue Wohnungen gebaut werden. Im Wald, der auf dem Gelände gegenüber von Blochs Steinhaus begann, fällten deutsche Kriegsgefangene, die in Podberesje interniert waren, Bäume. Auf dem frei werdenden Terrain wurden so genannte „Finnenhäuser", die Finnland als Reparationen an die Sowjetunion liefern musste, errichtet. Es handelte sich um Holzhäuser unterschiedlicher Bautypen von Doppelhäusern für zwei Familien über kleine Einfamilienhäuser bis zu zweistöckigen Bauten. Paul und Lotti wollten gern in eine Doppelhaushälfte umziehen, was aber voraussetzte, dass die Familie mindestens aus vier Personen bestand. Mit der Notlüge, ein vierter Erdenbürger sei unterwegs, gelang Blochs der Wohnungswechsel. Rebers, die ja mit ihren zwei Kindern den amtlichen Anforderungen entsprachen, zogen in die andere Hälfte ein. Später, nachdem noch weitere Finnenhäuser gebaut worden waren, konnte auch eine dreiköpfige Familie ganz legal eine Doppelhaushälfte bewohnen.

So ein Häuschen war klein. Die Wohnfläche für jede Familie betrug etwa 40 Quadratmeter und war folgendermaßen aufgeteilt: Von einem winzigen Vorraum aus gelangte man links in die kleine Küche, in der ein gemauerter Herd stand, der dem im Steinhaus ähnelte. Ein Wasserhahn mit Ausguss zeigte an, dass die Versorgung mit fließendem Wasser geplant war. Zur Zeit des Einzugs der Familien Reber und Bloch musste das Trinkwasser allerdings noch von einem ziemlich weit entfernten Wasserspender geholt werden. Das war mitten im kalten und schneereichen Winter sehr beschwerlich. Blochs kauften sich zu diesem Zweck einen Schlitten, der dann von Renate auch zum Rodeln genutzt werden konnte, und außerdem einen aus Metall bestehenden fassähnlichen Behälter. Dieser wurde mit Wasser gefüllt und dann auf den Schlitten gewuchtet. Der Transport des Gefäßes konnte nur von zwei Personen bewältigt werden. Lotti zog den Schlitten und Renate musste den Wasserbehälter festhalten, um sein Umkippen zu verhindern. Wegen dieser schwierigen Prozedur wurde mit Trinkwasser sehr sparsam umgegangen und für andere Zwecke geschmolzener Schnee verwendet.

Gegenüber der Küche ging es vom Vorraum in das etwa 18 Quadratmeter große Wohnzimmer. Von diesem gelangte man links in einen kleinen schlauchförmigen Bereich, der aber nicht durch eine Tür abgetrennt war. Beide Räume wurden von einem massiven, aus Stein gemauerten Ofen, dessen größere Fläche sich im „Schlauch" befand, vom großen Zimmer aus geheizt. Gleichzeitig stellte die eine Ofenwand die Rückmauer der kleinen, mitten im Haus befindlichen Toilette dar, in der es dadurch im Winter gemütlich warm war. Diese konnte allerdings zunächst wegen des fehlenden Wasseranschlusses nicht genutzt werden. Die ersten Monate im neuen Domizil diente ein Eimer als Klosett.

Das wenige Mobiliar, welches Blochs von Deutschland mitgenommen hatten, war schnell auf die Räume verteilt. In der Küche stand die Waschkommode. Der „Schlauch" wurde von Renates Bett, welches direkt hinter dem Ofen stand, und dem kleinen Kleiderschrank ausgefüllt. Das große Zimmer wurde von Blochs wie ebenso nebenan von Rebers als Wohn-Schlafraum genutzt. Die Ehebetten waren bei beiden Familien über Eck aufgestellt worden, genauer gesagt nur die Stahlböden mit den Matratzen. Diese ruhten auf vier Holzklötzen und dienten tagsüber als Sitzgelegenheiten. Während Anni Reber und Paul Bloch Kopf an Kopf schliefen, lagen Walter und Lotti parallel zueinander, ebenfalls nur durch eine dünne Holzwand getrennt. So konnten sich die beiden Paare, abends schon bequem im Bett liegend, unterhalten. Besonders Anni und Paul nutzten häufig diese Gelegenheit und diskutierten über gelesene Bücher, zum Beispiel über das damals aktuelle „Vom Winde verweht". Lotti und Walter schliefen während dieser Gespräche oft ein.

In der Mitte des Wohn-Schlafzimmers wurde ein massiver, von Paul und seinen Freunden selbst gezimmerter Tisch aufgestellt. Der alte mitgebrachte war zu wackelig. Die um den Tisch herum gruppierten vier Stühle stammten ebenso wie ein schönes englisches Büfett von dem mit Paul und Lotti befreundeten kinderlosen Ehepaar Köhler. Diesem war ebenso wie Heinemanns der kleinste Raum einer Dreizimmerwohnung in einem der „Steinhäuser" zugewiesen worden. Obwohl sie ihre Ehebetten übereinander gestellt hatten, war hier ihr gesamtes Mobiliar beim besten Willen nicht vollständig unterzubringen. Deshalb waren Berta und Martin Köhler froh, dass außer den bereits erwähnten Einrichtungsgegenständen auch noch eine große Truhe samt Inhalt in Blochs „Schlauch" Platz fand. Beiden Familien war auf diese Weise geholfen: Bei der einen sah es so wohnlicher aus, die andere musste sich nicht von einem Teil ihrer Möbel durch Verkauf trennen.

Nachdem Blochs in ihr neues Domizil eingezogen waren, mussten zunächst beide Öfen des Hauses mehrere Tage ununterbrochen geheizt werden. Dadurch sollte der Frost im wahrsten Sinne des Wortes aus den vereisten Wänden „ausgetrieben" werden. So verwandelte sich das Häuschen zunächst in eine „Tropfsteinhöhle". Um nicht im Regen schlafen zu müssen, spannten Blochs nachts über den Betten geliehene Schirme auf. Es wurde sehr viel Brennholz gebraucht, das wieder von russischen Anbietern gekauft werden musste. Lotti und Paul zersägten die Stämme eigenhändig und zerkleinerten sie zu ofengerechten Scheiten. Wenn von dem Ehepaar am Wochenende nicht der notwendige Holzvorrat für die nächsten sieben Tage geschafft wurde, dann musste Renate ihrer Mutter beim Sägen helfen. Da flossen so manches Mal Tränen, weil diese Arbeit Geschicklichkeit, Kraft und Ausdauer erforderte. Lotti rief dann immer: „Schön gerade durchziehen!" Wenn das nicht geschah, verklemmte sich das Sägeblatt im Holz, und nichts ging mehr.

Blochs und Rebers fühlten sich trotz all der zu bewältigenden Probleme in der neuen Wohnung viel wohler als im Steinhaus. Das Häuschen im tief verschneiten Wald sah hübsch aus mit seinen am Dachrand hängenden Eiszapfen und der dicken Schneeschicht auf dem schrägen Dach. Das Wichtigste war aber, dass jede Familie in diesem Finnenhaustyp für sich allein lebte und in guter, ja freundschaftlicher Beziehung zum Nachbarn. Rebers und Blochs verlebten viele schöne Stunden miteinander, die das doch ungewisse Schicksal fern der Heimat erträglicher machten. Walter Reber, der perfekt russisch sprach, noch besser als seine Frau, wurde des Öfteren dienstlich nach Moskau geschickt. Die meisten der damals in Podberesje lebenden Deutschen waren allerdings in der Zeit ihres über fünf Jahre währenden Aufenthalts in Russland nicht ein einziges Mal in der Hauptstadt, obwohl diese nur 120 Kilometer entfernt war. Es war ihnen nicht gestattet, den Ort ohne Genehmigung zu verlassen. Paul hatte nur einmal die Gelegenheit, in Moskau zu sein. Meist brachte Walter von seinen Dienstreisen etwas Besonderes mit, was es in Podberesje nicht gab. Eines Abends war es zum Beispiel ein großer geräucherter Lachs. Obwohl der Nachbar erst spät von seiner Reise zurückgekehrt war, klopfte Anni an die Wand und rief: „Ihr müsst unbedingt herüberkommen und probieren, was Walter mitgebracht hat." Lotti und Paul folgten der Aufforderung gern, Renate schlief bereits. Bei Räucherlachs und Wodka wurde es ein ganz vergnügter Abend, und solche Abende gab es öfter.

Nach Einzug ins Finnenhaus nutzte Lotti den Küchenherd nur einige Male, und zwar vor allem, wie bereits erwähnt, zur Erwärmung der Wohnung. Sie ging wieder zum bewährten Kochen auf der elektrischen Heizplatte über, da man allein schon für den großen Ofen im Wohn-Schlafzimmer sehr viel Holz verbrauchte. Wenn nun die Küche nicht geheizt wurde, bestand allerdings bei Frost die Gefahr, dass das Wasser in der Leitung einfror. Deshalb ließen Blochs bei Minusgraden das Wasser in der Küche Tag und Nacht im dünnen Strahl laufen, das Spülbecken füllte sich dann mit Eis. Zur Morgentoilette wurde das Wasser auf der Kochplatte angewärmt, zunächst für Paul, der als Erster aus dem Haus ging, dann für das Schulkind Renate und zuletzt für Lotti. Unter diesen Umständen konnte im Winter das morgendliche Waschen nur eine „Katzenwäsche“ sein.

Lotti bereitete das Mittagessen also wieder auf der Kochplatte oder auf dem Petroleumkocher. Das elektrische Gerät hätte angemeldet werden müssen, denn die monatliche Pauschale für den Stromverbrauch beinhaltete die Benutzung des Kochers nicht. Den russischen Behörden war die illegale „Sparmethode“ nicht unbekannt. Deshalb führten sie sporadisch Kontrollen durch, um Betrüger zu überführen und mit Strafgeld zu belegen, was die Deutschen natürlich fürchteten. Lotti geriet jedes Mal in Panik, wenn es während des Essenkochens an der Haustür klopfte. Dann wurde der Topf von der Kochplatte gerissen und samt Elektrogerät versteckt.

Zum Glück machten sich aber auf diese Weise meist russische Bäuerinnen bemerkbar, um ihre Waren wie Milch, Butter, Eier, Quark, süße und saure Sahne anzubieten. Es konnte sogar mit den Händlerinnen vereinbart werden, dass sie täglich das Gewünschte bringen; vorwiegend wurde bei ihnen Milch bestellt. Bei fremden Gesichtern unter den Anbieterinnen war man allerdings vorsichtig, mit Dieben musste immer gerechnet werden. Deshalb wurden Unbekannte im Winter zum Handeln und Feilschen nicht mit ins Haus genommen. Außerdem barg die Anwesenheit von Russinnen in der Wohnung immer die Gefahr in sich, dass diese Wanzen einschleppten. Das Ungeziefer hielt sich nicht nur in der Kleidung der Händlerinnen, sondern auch manchmal in ihrer Ware auf. So fand Lotti ein Mal in gekauften Heidelbeeren ein solches Tierchen.

Ljuba, eine ältere Russin, war bei Blochs Nachbarn als Haushaltshilfe mit Kost und Logis angestellt. Sie schlief nachts in Rebers kleiner Küche auf einer Matratze. Ljuba war eine bescheidene, ehrliche und fleißige Frau, die aber total verwanzt war und das Ungeziefer ins Finnenhaus brachte. Die Wanzen machten auch vor Blochs Wohnung nicht Halt und insbesondere nicht vor Paul, weshalb das Ehepaar manche Nacht auf Wanzenjagd war. Wenn Paul nachts plötzlich laut nach Lotti rief, dann wusste diese, was zu tun war: Schnell aufstehen, Licht einschalten und den Körper ihres Mannes nach Wanzen absuchen. Paul konnte oft detaillierte Angaben zum „Tatort" machen, was die Sache erleichterte. Meist erwischte Lotti das Biest, und die Familie konnte weiter schlafen. Um solche Szenen zu vermeiden, veranstaltete die Hausfrau vierteljährlich eine große „Wanzenjagd", bei der die Tapete, die nicht fest angeklebt war, von den Wänden gerollt wurde. Die Holzwände, der Fußboden und die Zimmerdecke, einschließlich der Einrichtungsgegenstände, wurden mit Petroleum eingepinselt. Ein brennendes Streichholz hätte genügt, um das ganze Haus abzufackeln. Trotz dieser Aktionen gelang es nicht, das Ungeziefer auszurotten. Wanzen sind außerordentlich widerstandsfähig. Von den Deutschen diesbezüglich angestellte Versuche zeigten, dass sie bei einer Kälte von minus 20 Grad überleben können.

Die Versorgung mit Lebensmitteln in Podberesje

Zu der Zeit, als die Deutschen nach Podberesje kamen, war die Versorgung mit Lebensmitteln und notwendigen Gütern des täglichen Bedarfs sehr schlecht. Zum einen gab es wenig zu kaufen, zum anderen war alles extrem teuer. Diese Situation besserte sich erst nach etwa zwei Jahren. Dann boten die Russinnen, wie bereits beschrieben, selbst erzeugte Produkte an der Haustür an. Außerdem konnte man auf dem etwas außerhalb des Ortes gelegenen Markt Mehl, Zucker, Fleisch und Gemüse erstehen. Allerdings beschränkte sich das Gemüseangebot meist auf Weißkohl und Sauerkraut („Kapusta"). Letzteres wurde von den Russen und auch von den Deutschen häufig verzehrt, sowohl roh als auch gekocht. Trotz des Obstmangels – Äpfel, Birnen oder gar Bananen und Apfelsinen konnte man in Podberesje nicht kaufen – waren Erkältungskrankheiten relativ selten, was wahrscheinlich auf den hohen Vitamin C-Gehalt des Sauerkrauts zurückzuführen war. Außerdem mag in diesem Zusammenhang auch das der Gesundheit zuträgliche Festlandklima eine Rolle gespielt haben. Renate musste während der gesamten Russlandzeit nur einmal der Schule wegen Husten und Schnupfen fernbleiben.

Im Sommer wurden Heidelbeeren und Moosbeeren („Glukwa") an der Haustür und auf dem Markt angeboten. Sie wurden stakanweise, das heißt wasserglasweise, verkauft. Renate und ihre Freundin Lisa, die selbst gerne Beeren pflückten, konnten die Blaubeerstellen trotz intensiven Suchens leider nicht finden. Diese wurden von den Russinnen geheim gehalten. Die Mädchen mussten sich auf das Sammeln von Walderdbeeren und Glukwas beschränken. Moosbeeren gab es allerdings reichlich. Aus diesen wurden Säfte bereitet, die im Winter mit Grießpudding genossen wurden. Auch Pilze muss es in der Nähe von Podberesje gegeben haben, denn auch sie wurden an die Deutschen verkauft. Allerdings fanden Lisa und Renate bei ihren häufigen Ausflügen in die den Ort umgebenden Wiesen und Wälder sehr selten einen Pilz.

Die Russen, die das Glück hatten, ein kleines Holzhaus mit einem Garten zu besitzen, fütterten meist eine Kuh, ein paar Schweine, manchmal auch noch Ziegen und Schafe sowie Hühner. Im Winter wurden die Tiere mit ins Haus genommen. Mensch und Tier lebten bei strengem Frost eng beieinander. Die von den Einheimischen bewohnten Holzhäuser hatten den typisch russischen Charakter, bei denen Stamm auf Stamm gefügt war. Sie unterschieden sich deutlich von den Finnenhäusern, deren Wände aus dicken Brettern bestanden und die man zudem noch farbig angestrichen hatte.

Als weitere Einkaufsmöglichkeiten bot Podberesje ein Magazin, den Brotladen und die Apotheke, die sich mitten im Ort in den Steinhäusern befanden. Im Magazin konnte man fast alle Lebensmittel – soweit man dazu finanziell in der Lage war – von Konfekt über Käse und Fleisch sowie Fisch kaufen. An Fleisch wurde des Öfteren getrocknetes Rentier angeboten, das man als ein großes Stück unter den Arm geklemmt nach Hause trug. Gemüse außer Sauerkraut gab es nicht. Im Brotladen wurden das kommissbrotartige Schwarzbrot und Weißbrot, außerdem ein brötchenähnliches Gebäck angeboten. Das Geschäft für Industriewaren „promtowarni magasin“ stand etwas außerhalb des Wohnzentrums, auf freiem Feld, und wurde deshalb von den Deutschen als „Scheune“ bezeichnet. Auch hier war das Angebot sehr bescheiden.

Ein neuer Mitbewohner: der Hund Bodo

Nächtliche Einbrüche wurden auch in den Finnenhäusern verübt und oftmals so geschickt ausgeführt, dass es die Bestohlenen erst am Morgen bemerkten. Deshalb stellten Blochs jeden Abend eine Stahlmatratze, für die sie keine Verwendung hatten, senkrecht von innen vor ihre verschlossene Haustür. Beim Versuch, in die Wohnung einzudringen, wäre sie unweigerlich umgefallen. Dabei wäre unüberhörbarer Lärm entstanden, zumal an der Matratze noch Feuerhaken und Kochtöpfe angehängt waren. Aus Angst vor Einbrüchen und zum Schutz ihrer Tochter, die mit ihrer Freundin zusammen, wie bereits erwähnt, gern Ausflüge in die nähere Umgebung unternahm, schafften sich Blochs einen Hund an. Ein kleines junges Tier, das trotz seiner Schlappohren einem Schäferhund ähnelte, wurde von Russen an der Haustür zum Kauf angeboten. Zunächst konnte man sich über den Preis nicht einigen, und die Russin zog weiter. Der Hund wollte aber unbedingt zurück und wurde angeblich deshalb Blochs für nur 50 Rubel überlassen.

In Erinnerung an den Schäferhund, den Pauls Eltern in seiner Kindheit hatten, wurde er Bodo genannt. Dieser musste sich nun mit der Katze Mine, die bereits Hausrecht genoss, anfreunden. Mine demonstrierte ihre Vormachtstellung, indem sie dem Neuling erst einmal ein paar Ohrfeigen verpasste, die dieser einfach hinnahm. Hund und Katze wurden gute Freunde, und ihr Zutrauen zueinander ging schließlich so weit, dass Bodo die Katzenjungen in der Schnauze herumschleppen und sogar abschlecken durfte.

Für Bodo hatte Paul im Garten eine Hütte gebaut, in der das Tier bei Regen und Schnee Unterschlupf finden konnte, denn es war den ganzen Tag über draußen. Nur nachts – und bei sehr strengem Frost auch tags – wurde der Hund ins Haus gelassen. Frei im Garten herumlaufen durfte er nicht. Er lag an einer Kette, die zwar große Bewegungsfreiheit gestattete, aber es war eben eine Kette. Bodo wuchs zu einem richtigen Wachhund mit besonderer Aversion gegen Russen heran. Für die Händlerinnen, die durch den Garten bis an die Haustür kamen, wäre der frei laufende Hund eine große Gefahr gewesen.

Seinen nächtlichen Schlafplatz hatte Bodo in Renates Bett gefunden. Er lag am Fußende und kroch im Winter mit unter das Federbett. Je größer das Tier wurde, und es war ausgewachsen so groß wie ein Deutscher Schäferhund, umso problematischer wurde diese Konstellation. Streckte sich das Mädchen im Bett richtig aus, hatte Bodo zu wenig Platz und knurrte böse. Den Hund zum Aussteigen aus dem warmen Lager zu bewegen, gelang Renate nicht. In solchen Situationen musste Lotti, die die Autoritätsperson für Bodo war, eingreifen. Anfänglich genügte es noch, dass sie „Bodo“ rief und ein Aufstehen vortäuschte. Der Hund verließ dann seinen Schlafplatz, aber nur, um kurz danach, wenn Lotti wieder eingeschlafen war, erneut einzusteigen. Schließlich musste Bodo direkt von Renates Mutter aus dem Bett gezogen werden. Aber auch dann blieb er seinem geliebten Schlafplatz nur so lange fern, bis Lottis Schnarchen wieder ertönte. Bodo blieb Sieger.

Im Übrigen war Bodo ein gut erzogener Hund, vor allem, was die Reinlichkeit betraf. So war er unter keinen Umständen dazu zu bewegen, sein „Geschäft“ im Haus zu verrichten. Eines Abends wollte Paul den Freunden der Familie nur kurz eine Nachricht überbringen, schloss die Tür von außen ab und nahm den einzigen existierenden Schlüssel mit. Paul blieb länger als geplant und Bodo musste raus, was er durch Jaulen und durch Kratzen an der Tür anzeigte. Lotti und Renate konnten ihn aber nicht ins Freie lassen. Die Tür war verschlossen und eines der Fenster zu öffnen, durch das der Hund hätte nach draußen springen können, war auch nicht möglich. Alle Fenster waren wie in jedem Winter zwecks Wärmedämmung zugeklebt. In der frostigen Jahreszeit wurde nur eine kleine Fensterluke, die in eine große Scheibe eingelassen war, kurzzeitig zum Lüften geöffnet. Als Mutter und Tochter Bodos Qualen unerträglich erschienen, forderten sie ihn direkt – auch mit Handzeichen – dazu auf, sich im Flur zu entleeren. Aber der Hund tat das nicht. Endlich kam Paul nach Hause, und Bodo stürzte ins Freie.

Je älter, das heißt, je größer der Hund wurde, umso mehr Futter brauchte er. Fleisch bekam er selten, das war zu teuer. Blochs finanzielle Lage war anfangs sehr angespannt. Paul verdiente zunächst gerade so viel, dass die Familie nicht hungerte, aber es musste gespart werden, wo es nur ging. Zumindest war das die ersten beiden Jahre so. Bodos Mahlzeiten bestanden vor allem aus Schwarzbrot, das mit Lebertran übergossen wurde. Dieses nahrhafte Öl konnte man in der Apotheke zu einem erschwinglichen Preis kaufen. Alle Familienmitglieder nahmen ebenfalls täglich mehrere Esslöffel davon zu sich. Auch Mine verzehrte ihr mit diesem Fischöl angereichertes Futter mit großem Appetit. Ihr Schlafplatz war ebenfalls in einem Bett, und zwar in Lottis. Renates Mutter schlief immer auf dem Rücken liegend, Mine platzierte sich auf ihrer rechten Schulter.

Die Katze Mine wurde heftig umworben, öfter strichen gleichzeitig mehrere Kater laut maunzend ums Haus. Die Folge: Mine brachte mehrere Male im Jahr Junge zur Welt. Für Blochs wurde es allmählich schwierig, die Kleinen in ihrem doch relativ großen Freundeskreis unterzubringen. Von einem besonders schönen Kater, der mit seinem seidigen blaugrauen und sehr langen und dichten Fell einer Angorakatze ähnelte, konnten sie sich nicht trennen. Zu Mine kam also noch „Miezepeter" hinzu. Dieser zeichnete sich nicht nur durch besondere

Schönheit aus, sondern auch durch ein für Katzen untypisches Verhalten. Der Kater blieb hin und wieder tagelang weg, was Blochs anfangs beunruhigte. Aber dann ging es nur darum, den Baum ausfindig zu machen, auf dem Miezepeter saß. Er kletterte – wer weiß warum – auf die höchsten Bäume, aber kam nicht wieder herunter. Die nähere und weitere Umgebung von Blochs Häuschen, in der hohe Kiefern wuchsen, musste abgesucht werden. Man fand schließlich den Kater. Weit oben im Wipfel eines Baumes sitzend, bettelte er jämmerlich um Hilfe, aber rührte sich nicht vom Fleck. Nun war guter Rat teuer. Eine so hohe Leiter, um Miezepeter aus seiner misslichen Lage zu befreien, stand nicht zur Verfügung. Schließlich kam Lotti auf die Idee, eine sehr lange Stange, an deren oberes gegabeltes Ende ein Korb eingehängt wurde, dem Kater entgegen zu halten. Und tatsächlich: Dieser sprang in den Korb hinein. Dabei zerbrach der Stock regelmäßig, und das Tier sauste samt Korb zur Erde. Ohne Schaden genommen zu haben, stieg der Kater aus und verrichtete als Erstes seine Notdurft. Er behielt dieses Verhalten bei, und immer wieder erfolgte sein Abstieg aus luftigen Höhen per Korb.

Katzenmutter Mine wurde das Opfer eines Wutausbruchs von Blochs russischer Nachbarin. An Pauls Garten grenzte direkt das Grundstück von Einheimischen, die ebenfalls in einer Doppelhaushälfte lebten. Es handelte sich dabei um die Familie eines Natschalniks, eines höheren sowjetischen Funktionärs, der mit einer wesentlich jüngeren, sehr hübschen Frau verheiratet war. Die russischen Nachbarn gehörten zu der Gruppe von sowjetischen Bürgern, die im Winter einen „Schuba" trugen. Ihr Kind war etwa ein halbes Jahr alt. Beyers bewohnten mit ihrer Tochter die andere Haushälfte. Dank Anni Rebers russischer Sprachkenntnisse entwickelte sich ein gutes Verhältnis aller Bewohner der zwei benachbarten Finnenhäuser. Die Russin lud sogar Anni,

Lotti und Margot Beyer zum Tee am Samowar ein. Die Unterhaltung wurde natürlich vor allem von der Gastgeberin und Anni bestritten. Die beiden anderen Frauen hatten Not, dem Gespräch so einigermaßen zu folgen, und konnten nur hin und wieder ein paar Brocken einwerfen. Trotzdem war es für alle Beteiligte ein angenehmer Nachmittag.

Leider kam es zwischen Blochs und den Russen, genauer gesagt, der Nachbarin, zu einem Eklat. Der Grund dafür war, dass Blochs Katze Mine eines der frei im benachbarten Garten herumlaufenden Küken schnappte und fressen wollte. Die Russin hatte das gesehen, und als es ihr gelungen war, die Katze bei den Hinterbeinen zu packen, schlug sie das Tier außer sich vor Wut mehrere Male gegen einen Baum. Das überlebte Mine nicht. Renate, die sich gerade draußen aufhielt, musste diese grausame und unangemessene Prozedur mit ansehen. Ihr herzzerreißendes Schreien erregte keinerlei Mitleid. Schließlich wurde die tote Katze über den Zaun in Blochs Garten geworfen. Daraufhin war das nachbarliche Verhältnis stark getrübt, so dass man sich nicht mehr grüßte.

In seinen „Sturm- und Drangzeiten“ konnte Bodo keine Kette halten. Er blieb dann tagelang verschwunden, und aus der Ferne hörte man öfter sein Bellen. Wenn er wieder zu Hause eintraf, war er völlig heruntergekommen: abgemagert und das Fell zerzaust. Nun musste sich der Hund erst einmal von seinem exzessiven Liebesleben erholen.

Bodo lebte nur wenige Jahre in der Blochschen Familie. Anfang 1951 erkrankte der Hund, und zwar so schlimm, dass er nichts mehr zu sich nahm und so schwach wurde, dass er sich nicht auf den Beinen halten konnte. Paul vermutete, dass es sich bei dieser Erkrankung um die Staupe handle, die außer Hunde auch Marder und andere Tiere befällt und meist zu deren Tod führt. Was tun? Blochs verfügten noch über einen kleinen

Vorrat an Chinintabletten, die jeden Sommer von medizinischem Hilfspersonal des Ambulatoriums an die Deutschen als Malariaprophylaxe ausgeteilt wurden. Eigentlich mussten die Tabletten in Gegenwart der Russinnen, die von Haus zu Haus bzw. von Wohnung zu Wohnung gingen, geschluckt werden. Aber irgendwie war es Blochs gelungen, einige Tabletten zurückzubehalten. Man drückte sich gern vor deren Einnahme wegen ihres ungewöhnlich bitteren Geschmacks. Mit einigen dieser Chintabletten wurde der erkrankte Hund behandelt. Bodo erholte sich und wurde allmählich wieder gesund. Ob diese Genesung der Wirkung des Chinins zuzuschreiben war, ist zweifelhaft. Aber immerhin könnte das Medikament fiebersenkend gewirkt haben.

Doch seit dieser Erkrankung war der Hund irgendwie wesensverändert. Dass er Russen grundlos anfiel, war ja nichts Neues, aber dass er nun auch kleine deutsch sprechende Kinder regelrecht ansprang und niederwarf, war vor seiner Erkrankung nie geschehen. Außerdem war Renate von ihm kräftig gebissen worden. Zu diesem Ereignis kam es folgendermaßen: Das Mädchen wollte dem Hund seine mittägliche Futterration bringen, stellte diese aber erst einmal seitlich ab, um Bodo vorher zu streicheln. Dieser sah nichts anderes mehr als sein Fressen und schnappte böse nach der streichelnden Hand. Die klaffende Wunde musste im Ambulatorium genäht werden. Augenscheinlich hatte sich Renate auch unklug verhalten, nämlich den Hund bei abseits stehender Futterschüssel streicheln zu wollen. Diese Ereignisse zusammen ließen Blochs, trotz der Einwände ihrer Tochter, zu dem traurigen Entschluss kommen, bevor noch Schlimmeres passieren würde, Bodo von einem russischen Jäger erschießen zu lassen.

Der Schulunterricht für deutsche Kinder in Podberesje

Als die Deutschen in Podberesje ankamen, gab es für ihre Kinder keine Schule. Es dauerte einige Monate, bis ein Gebäude für diesen Zweck gefunden worden war und Lehrer eingestellt wurden. Frau Rixdorf, eine bereits pensionierte Lehrerin, war durch Zufall mit nach Russland gekommen; sie hielt sich gerade am 22. Oktober 1946 bei ihrer Tochter auf, deren Ehemann Flugzeugingenieur war. Die Russen nahmen sie einfach mit, da nützte auch kein Protestieren. Sie erteilte in der Zeit, zu der noch keine deutsche Schule bestand, Privatunterricht in einem Zimmer des von ihren Kindern und ihr bewohnten Finnenhauses. Dabei fasste sie mehrere Jahrgänge in Gruppen bis zu etwa 10 Schülern zusammen und unterrichtete in den Grundfächern Lesen, Schreiben und Rechnen. Die Eltern der Kinder entrichteten einen kleinen Obolus an die Pädagogin. Auf diese Weise konnte aber nur ein geringer Prozentsatz der eigentlich Schulpflichtigen unterrichtet werden, Renate gehörte dazu. Sie freundete sich bei Frau Rixdorf mit einem Mädchen namens Lisa an, mit der sie lebenslang befreundet blieb.

Lisa kam mit ihrer Familie aus Dessau, wo ihr Vater bei den Junkerswerken als Meister gearbeitet hatte. Sie war wie Renate ein Einzelkind. Renate bewunderte das Mädchen mit den großen braunen Augen und dem vollen schwarzen Haar, welches zu zwei dicken und langen Zöpfen geflochten war. Lisa war begabt und dazu sehr fleißig, sie bekam in allen Fächern sehr gute Zensuren. Das spornte die bis dahin wenig ehrgeizige Renate an, die zwar in Mathematik die Beste in der Gruppe war, aber in Rechtschreibung die Schlechteste. Durch intensives Üben holte sie bald auf. Die beiden Mädchen erledigten in den folgenden Jahren täglich ihre Hausaufgaben gemeinsam, abwechselnd eine Woche bei Hausmanns und eine bei Blochs. Renates nun erwachter Ehrgeiz verlangte ein tadelloses Aussehen ihrer Schulhefte, das heißt, Durchstreichen oder Verbessern kam nicht in Frage. Sollte etwas verändert werden, riss sie die entsprechende Seite aus dem Heft und schrieb alles noch einmal. Das führte dazu, dass sie viel Zeit zur Erledigung ihrer Hausaufgaben brauchte und ihre Schulhefte schließlich nur aus wenigen Blättern bestanden. So kam es eines Vormittags zur „Katastrophe“: Die letzte Seite wurde herausgerissen, und ein neues Heft war nicht zur Hand. Es mussten eins oder am besten gleich mehrere auf dem Markt gekauft werden. Dabei begleitete Lisa ihre Freundin ganz selbstverständlich. Sie wählten den kürzesten Weg, der aber im Winter nur wenig genutzt wurde. Deshalb versanken die beiden oft in tiefen Schneeverwehungen, aus denen sie sich nur mühsam herausarbeiten konnten. Öfter blieb ein Walenok im Schnee stecken. Von Zeitgewinn durch die Wegabkürzung konnte keine Rede mehr sein. Die Mädchen hatten große Mühe, am frühen Nachmittag pünktlich zum Unterricht zu erscheinen.

Renate und Lisa waren während des ganzen Russlandaufenthalts unzertrennlich, was aber nicht bedeutete, dass sie immer ein Herz und eine Seele waren. Von Zeit zu Zeit krachte es zwischen beiden auch ganz ordentlich. Befanden sie sich während ihres Streits bei Blochs, dann packte Lisa ihre Sachen und wollte nach Hause gehen. Um das zu verhindern, zog Renate schnell den Schlüssel von der verschlossenen Haustür ab und rückte diesen erst nach einer Versöhnung wieder heraus.

Lisas Familie wohnte auch in einem Finnenhaus, nicht weit von Blochs entfernt. Das war Hausmanns zweites Domizil in Podberesje. Anfangs waren sie in einer der furchtbaren Holzbaracken untergebracht. Das Finnenhaus, in dem Lisa mit ihren Eltern später lebte, war ein zweistöckiges und eigentlich für eine große Familie konzipiert, denn es hatte nur eine Toilette im Erdgeschoss. Es wohnten aber drei Familien darin. Ein Raum mit schrägen Wänden in der ersten Etage war Hausmanns Wohnküche. Der Ofen, der Blochs Kochherd ähnelte, diente zum Heizen und Kochen. Im gleichen Stockwerk gegenüber hatte Familie Rückert, nur aus zwei Personen bestehend, ebenfalls ihre Wohnküche. Die Schlafzimmer dieser beiden Familien befanden sich parterre, wo außerdem noch ein Ehepaar mit ihrer erwachsenen Tochter lebte. Diese ungünstige Verteilung von Wohn- und Schlafräumen der drei Familien in diesem Haus sowie das Vorhandensein nur einer Toilette führten öfter zu Reibereien, so dass Hausmanns später in ein Steinhaus umzogen. Dort allerdings mussten sie sich nur mit einem Zimmer begnügen.

Im Februar 1947 war es dann so weit, dass die deutschen Kinder in eine Schule gehen konnten. Das Gebäude war relativ weit vom Ortszentrum entfernt. Obwohl es zweigeschossig war, reichte der Platz nicht aus, um allen Schülern gleichzeitig von früh bis Mittag Unterricht erteilen zu können. Die Räume mussten auch am Nachmittag genutzt werden, das heißt, der Unterricht erfolgte in Schichten. Die eine Woche gingen Lisa und Renate am Vormittag, die darauf folgende von Mittag bis zum frühen Abend zur Schule. Im Winter bedeutete das, dass sie eine um die andere Woche im Dunkeln den Heimweg antreten mussten. Die beiden Mädchen wurden dann von Lotti zusammen mit Hund Bodo abgeholt. Es gab zwar keinen direkten Anlass zu dieser Vorsichtsmaßnahme. Das Verhältnis zwischen Deutschen und Russen war nicht schlecht, aber doch distanziert. Es ist anzunehmen, dass die russische Bevölkerung von der Obrigkeit strikte Anweisung hatte, mit den Zugereisten auszukommen. Des Öfteren war es aber spürbar, dass es den Russen schwer fiel zu akzeptieren, dass es ihren ehemaligen Feinden, dazu noch Angreifern, besser ging als ihnen selbst. Manchmal hörte man schon den Ausruf „Deutsch Faschist". Freundschaften zwischen Einheimischen und Deutschen gab es sehr selten, und sie waren vermutlich auch gar nicht erwünscht. So wurde eine sowjetische Lehrerin, die sehr gut deutsch sprach und ein besonders freundliches Verhältnis zu den Kindern der Flugzeugbauer hatte, bald in einen anderen Ort versetzt.

Das Lehrerkollegium in Podberesje bestand sowohl aus Russen als auch aus Deutschen. Bei den Russen handelte es sich um ausgebildete Pädagogen, die auch die deutsche Sprache, allerdings in unterschiedlicher Qualität, beherrschten. Sie unterrichteten das Fach Russisch, die sowjetische Verfassung, Geografie und Geschichte. Außer Frau Rixdorf waren noch andere deutsche Lehrerinnen tätig, die als Ehefrauen oder andere Angehörige in den Familien der Deportierten lebten und auf diese Weise mit nach Russland gekommen waren. Von diesen wurde vorwiegend das Fach Deutsch gelehrt. Nebenamtlich unterrichteten einige der Spezialisten in den Fächern Mathematik, Physik und Chemie. Es waren durchweg sehr gute Fachleute und außerdem gute Pädagogen, die dazu beigetragen haben, dass die meisten deutschen Kinder und Jugendlichen nach ihrer Heimkehr in den Schulen gut Anschluss fanden, was insbesondere für die naturwissenschaftlichen Fächer und Mathematik zutraf. Nachholbedarf bestand dagegen in Fremdsprachen, denn an der deutschen Schule in Podberesje wurden nur Deutsch und Russisch gelehrt. Allerdings erteilte ein Ingenieur am frühen Abend in seinem Haus Privatunterricht im Fach Englisch, an dem aber nur ein kleiner Teil der interessierten Schüler teilnehmen konnte.

Die Lehrpläne in der Sowjetunion unterschieden sich auch in den Fächern Erdkunde und Geschichte erheblich von denen in Deutschland. Außerdem bestand in der UdSSR zum damaligen Zeitpunkt ein ganz anderes Schulsystem. Mit der 7. Klasse war die Grundschule abgeschlossen, und nach absolviertem 10. Schuljahr wurde die Hochschulreife erreicht. Eine ganze Anzahl junger Deutscher konnte somit in Moskau ein Universitätsstudium beginnen. Auch war es nach Rückkehr in die Heimat mehreren deutschen Absolventen der russischen Oberschule in Podberesje möglich, sofort ein Studium an einer deutschen Universität bzw. Hochschule aufzunehmen.

Abb. 2: Schule für die deutschen Kinder und Jugendlichen

Das Fach Sport existierte in Podberesje in Ermangelung einer Turnhalle nicht. Deshalb bot die Ehefrau eines Flugzeugbauers in den Sommermonaten einen Ersatzunterricht mit gymnastischen und leichtathletischen Übungen im Freien an, der durch verschiedene Wettspiele aufgelockert wurde. Das Ganze gipfelte dann Ende August in einem Sportfest, das von der gesamten deutschen Gemeinde als ein Höhepunkt ihres gesellschaftlichen Lebens empfunden und unterstützt wurde.

Auch Schwimmunterricht wurde nicht erteilt. Aber es gab in Podberesje infolge seiner günstigen Lage am linken Wolgaufer in der Nähe des Iwankowoer Stausees, der auch als Moskauer Meer oder Wolga-Stausee bekannt ist, gute Wassersportmöglichkeiten. Zum Beispiel hatte sich eine mit Blochs befreundete Familie ein kleines Segelboot gebaut. Es war aber verboten, sich damit weit vom Wohnort zu entfernen. An den langen und warmen Sommertagen wurde im Fluss oder im Stausee gebadet, wozu man möglichst des Schwimmens mächtig sein sollte. Die meisten Kinder mussten diese Fähigkeit allerdings erst erwerben.

Abb. 3: Fischerboote an der Wolga

Herr Köhler, einer von Blochs Freunden, stellte sich als Schwimmlehrer für Renate und Lisa zur Verfügung. An vielen Sonntagen zog er mit seiner Frau und den beiden Mädchen ans Wolgaufer und brachte ihnen das Schwimmen bei. Er stand im Fluss wie ein Fels in der Brandung, wobei ihm seine Körpergröße und -fülle den nötigen Halt gaben. Auf seinen seitlich weit ausgestreckten Armen lagen die Schwimmschülerinnen. Sie führten die von ihm auf Zuruf geforderten Arm- und Beinbewegungen aus. Nachdem diese nach einiger Zeit gut koordiniert werden konnten, wurden die unterstützenden Arme weggezogen, und die Mädchen hielten sich auf dem Wasser. Schließlich konnten sie sich auch fortbewegen, was bei der meist starken Strömung des Flusses nicht so einfach war. Auf einem der beliebten Sonntagsspaziergänge der Familie Bloch entlang der Wolga führte Renate den Eltern ihre Schwimmkünste vor. Paul und Lotti waren sprachlos, als ihre Tochter zum gegenüber liegenden Ufer schwamm und dann auch wieder zurückkam, Bodo immer laut bellend hinterher. Allerdings war die Wolga an dieser Stelle etwa nur so breit wie der Rhein bei Köln. Am Wolgaufer traf man stets Angler an, die gern ihre gerade gefangenen Fische verkauften. So viel frischen Fisch wie in den Jahren ihres Podberesjeaufenthalts haben Blochs später nie wieder gegessen.

Die Deutschen brachten ihren Kindern in eigener Regie außer den bereits genannten Fähigkeiten noch zusätzlich das bei, was im offiziellen Schulunterricht ihrer Ansicht nach fehlte. So wurde in der Schule kein Religionsunterricht erteilt. Diesen übernahmen zwei Flugzeugingenieure abends nach Dienstschluss. Mädchen und Jungen etwa gleichen Alters, in kleinen Gruppen zusammengefasst, trafen sich in den Privaträumen der erwähnten Herren. Nach einer kleinen Andacht wurden mit den Kindern bzw. Jugendlichen Themen aus der Bibel besprochen. Bei den Älteren waren diese Zusammenkünfte besonders beliebt, nicht nur ihres Inhalts wegen, sondern weil Jungen und Mädchen diese Gelegenheit auch zu einem ersten kleinen Flirt nutzten. Es ist anzunehmen, dass die russischen Behörden von den religiösen Aktivitäten wussten, aber sie hinderten die Deutschen nicht daran.

Obwohl nach offizieller sozialistischer Auffassung die Religion nur zur „Verdummung der Massen“ dient, hingen noch viele russische Menschen ihrem Glauben an. In ihren Wohnungen hatten sie oft einen Heiligenschrein. Auf dem Friedhof zeugten die Gräber mit einem orthodoxen Kreuz, an dem Name und Bild der Verstorbenen befestigt waren, ebenfalls davon, dass der christliche Glaube bei vielen, vor allem älteren Menschen, noch lebendig war. Eine Kirche fehlte in Podberesje, und von den in anderen Orten befindlichen Gotteshäusern „arbeiteten" die meisten nicht, sie wurden zweckentfremdet genutzt, zum Beispiel als Lagerräume.

Deutsche und Russen wurden auf demselben Friedhof begraben. Die Art, wie ein Einheimischer beerdigt wurde, vor allem wie sein Geleit zum Friedhof erfolgte, sagte viel über seinen sozialen Status aus. Oft wurden die Verstorbenen im offenen Sarg auf einem Pferdeschlitten oder einem Panjewagen zu ihrer letzten Ruhestätte gebracht. Manchmal folgte dem Gefährt keine einzige Person. Hier handelte es sich meist um einen armen Russen. Normalerweise begleiteten den Schlitten oder Pferdewagen viele trauernde Menschen, einschließlich einer Gruppe von „Klageweibern", die speziell zum lauten Wehklagen engagiert worden waren. Ein solcher Trauerzug war schon von Weitem zu hören. Natschalniks wurden auf einem Lastwagen zum Friedhof gefahren. Die hintere Ladeplanke war heruntergeklappt, und auf ausgebreitetem rotem Fahnentuch stand der offene Sarg. Der Lkw wurde von einer Blaskapelle, die ständig den gleichen Trauermarsch spielte, und einer großen Menschenmenge, darunter hochdekorierte Uniformierte, begleitet.

Blochs bemühten sich, eine Möglichkeit zu finden, auch die musische Bildung ihrer Tochter in Russland fortzusetzen. In Halle war Renate Klavierunterricht erteilt worden, von dem sie allerdings nicht begeistert und in dem sie dementsprechend auch nicht besonders erfolgreich war. Ein Klavier stand in Podberesje ohnehin nicht zur Verfügung; Blochs hatten ihren Flügel selbstverständlich nicht mitgenommen. Sie kauften ein Schifferklavier von einer deutschen Familie. Eine Lehrerin wurde auch gefunden. Bald konnte Renate Volkslieder, schmissige Schlager und Operettenmelodien spielen.

Wenn Blochs Gäste hatten, musste sie stets auf Wunsch der Eltern einiges aus ihrem Repertoire vortragen, was ihr sehr unangenehm war. Trotz starken Widerspruchs blieb es ihr aber nicht erspart. Lotti und Paul waren natürlich stolz auf ihre Tochter. Außerdem trugen diese Melodien zu einer vergnügten Stimmung der Gäste bei.

Der Winter und Weihnachten in Podberesje

Der Winter in Podberesje war wunderschön. Er brach schon früh, etwa Anfang November, herein und brachte sofort viel Schnee und starken Frost. Die Finnenhäusler mussten täglich ihren Weg vom Haus zur so genannten Hauptstraße frei schaufeln. Ein Teil des Schnees wurde an den Wänden des Hauses aufgetürmt und diente somit der Isolierung. Die Kinder rodelten, liefen Ski und Schlittschuh, bauten Schneemänner und auch Schneehütten. Es war knackig kalt, das Thermometer zeigte oft unter minus 20 Grad an. Aber es war meist eine klare Kälte mit Sonnenschein bei strahlend blauem Himmel und glitzerndem Schnee.

Wenn Lisa und Renate am Nachmittag ihre Schulaufgaben erledigt hatten, liefen sie mit ihrem Schlitten bis zu einem Hügel ganz in der Nähe von Hausmanns Wohnung. Dort rodelten sie, bis es dunkel wurde. Am Wochenende ging es auf eine steilere Bahn, die außerhalb des Wohngebiets lag. Die Abfahrt war hier viel länger, und die beiden Mädchen sausten mit einer wesentlich höheren Geschwindigkeit hinab. Wenn der Schlitten über einen größeren Huckel fegte, wurde er geradezu in die Luft geschleudert, um dann wieder hart aufzusetzen. Mit einbrechender Dunkelheit kehrten die Mädchen mit knallroten Wangen und blau gefleckten Hinterteilen heim. Renate fühlte sich dann in ihrem warmen Bett hinter dem großen Ofen wohlig müde und geborgen, obwohl in der eisigen Nacht die Wölfe mit gruseligem Geheul ums Haus strichen.

Nachdem Hausmanns und Blochs für ihre Töchter Skier gekauft hatten, die nicht billig waren, unternahmen die Mädchen Skiausflüge in die nähere Umgebung. Das Schneeschuhlaufen erlernten Lisa und Renate nach der

Methode learning by doing und brachten es dabei allerdings nicht zu großer Meisterschaft. Aber sie konnten sich gut auf ihren Skiern fortbewegen und auch schon einen Hügel hinunter gleiten. Bodo wurde zur Sicherheit mitgenommen, was für diesen ein großes Vergnügen war. Er rannte voraus, wälzte sich übermütig im Schnee und kam zurück gehetzt. Das praktizierte er viele Male. Einheimische, die ihnen begegneten, fiel er laut bellend an, ohne dass den Mädchen eine Gefahr gedroht hätte. Renate und Lisa war das Gebaren Bodos peinlich. Sie hatten meist große Mühe, den Hund wieder zur Raison zu bringen, das heißt, ihn von seinen Drohgebärden gegenüber den Russen abzuhalten. Viele der einheimischen Kinder liefen Schlittschuh, allerdings meist nur mit einem einzelnen ausgestattet. Und so hingen sie sich oft an fahrende Lastautos an. Die deutschen Jungen und Mädchen hatten zwei Schlittschuhe und liefen auch auf der Straße, beteiligten sich aber an solchen gefährlichen Manövern meist nicht.

An besonders schönen sonnigen Winternachmittagen spazierten Lisa und Renate gern um die im Karree stehenden Steinhäuser des Qrtszentrums. Hierzu trugen die Mädchen ihre schicken braunen Pelzmäntel und einen aus Deutschland mitgebrachten Hut. Mit dieser drolligen Aufmachung erregten sie bei denjenigen, die ihnen begegneten, ein lächelndes Erstaunen.

Weihnachten bedeutete für die Podberesjer immer „Weiße Weihnachten“. Sie feierten das Fest entsprechend ihrer deutschen Tradition. In Sowjetrussland wurde nur „Nowi god“ (Neujahr) festlich begangen. Die deutschen Spezialisten mussten also am 25. und 26. Dezember arbeiten, aber für sie waren es trotzdem Feiertage. Schon am Heiligen Abend versammelten sie sich nach Dienstschluss mit ihren Familien an einem lauschigen Platz in der Finnenhaussiedlung, umgeben von Tannenbäumen, die mit brennenden Lichtern geschmückt worden waren.

Dort hatte der Kinderchor, jedes Kind eine leuchtende Kerze in der Hand, Aufstellung genommen und trug die schönsten deutschen Weihnachtslieder vor. Das letzte, „Stille Nacht, heilige Nacht", wurde von allen gemeinsam gesungen. Danach suchten die Deutschen in festlicher Stimmung ihre Wohnungen auf. Dort erwartete die Familien ein bunt geschmückter, aber meist „schwarz" erworbener Weihnachtsbaum. Die Ehefrauen hatten Plätzchen und meist auch einen sehr einfachen Stollen gebacken.

Befreundete Familien besuchten sich am 25. oder 26. Dezember abends gegenseitig, um gemeinsam die gebratene Gans, die sich die Deutschen in den letzten Russlandjahren leisten konnten, zu verspeisen. Leider schmeckte diese oft mehr nach Fisch als nach Gans. Dem Futter des Federviehs war wahrscheinlich Lebertran zugesetzt worden. Deshalb beschlossen Blochs, ihre Weihnachtsgans für das nächste Jahr selbst zu füttern. Im Spätsommer wurden drei kleine Gänse gekauft, die sich in einem selbst gezimmerten Verschlag im Garten aufhalten konnten. Mit einbrechendem Frost mussten sie aber mit ins Haus. Dort fanden sie ihren Platz in einer großen Holzkiste, die in der Küche unter das Fenster geschoben wurde. Nachdem sie geschlachtet worden waren, zeigte sich, dass sie die für sie erreichbaren Partien der Fenstervorhänge abgefressen hatten. Trotzdem waren die selbstgefütterten Gänse ein köstlicher Festtagsbraten.

Dieser Erfolg bei der Gänsemast ermunterte Paul, sich Hühner anzuschaffen. Diese wurden im Winter auf dem Dachboden des Häuschens, auf den man mittels einer Leiter gelangte, gehalten. Auf der Leiter stehend, wurde mit dem Kopf der Lukeneingang mit Schwung geöffnet. Die Wohnraumdecke des Hauses bestand aus ineinander gefügten Brettern, auf die zur Isolierung Sand geschüttet worden war, in dem die Hühner munter scharrten. Den Tieren gefiel es da oben ganz gut, und sie beglückten die Familie auch mit Eiern. Aber ihr emsiges

Scharren bewirkte einen ständigen feinen Sandrieselregen in Blochs Räumen. Deshalb mussten die Tiere leider bald geschlachtet werden.

Den schlimmsten Winter erlebten Blochs im zweiten Jahr ihres Aufenthalts in Russland. Paul befand sich schon seit längerem in schlechter körperlicher Verfassung; er war abgemagert, und nun kam ein Infekt hinzu. Er und seine Familie glaubten, es handele sich um eine banale Erkältung. Halsschmerzen, Schnupfen, ein starker Husten und Fieber waren die Symptome. Paul ließ sich zunächst von einem seiner Kollegen behandeln, der sich nebenbei als Naturheiler betätigte. Zu den russischen Ärzten hatte man wenig Vertrauen. Aber die verordneten Tees halfen nicht. Pauls Zustand verschlechterte sich zusehends, und er konnte schließlich nicht mehr zur Arbeit gehen. Nun musste ein russischer Arzt zu Rate gezogen werden. Dieser wies den Patienten sofort mit der Diagnose Lungenentzündung in das Podberesjer Krankenhaus ein. Dorthin gelangte er mit dem „Krankenwagen“, der so genannten „Hutschachtel“, die lediglich ein mit einer Plane überdachtes Lastauto war. Lotti versuchte ihren schwerkranken Mann, dem sie eine Wolldecke umgeschlungen hatte, in ihren Armen haltend, vor Zugluft zu schützen.

Ins Krankenhaus, das sich in einer Holzbaracke befand, durfte Lotti nicht mit hinein. Auch für sie und ihre Tochter folgten schlimme Tage in großer Sorge um den Ehemann und Vater. Pauls Krankheit war schließlich ein körperlicher und auch seelischer Zusammenbruch als Folge der letzten Jahre, in denen Kummer und Sorgen nicht enden wollten. Die Kriegsereignisse mit den Bombenangriffen, die auch Blochs Haus in Halle getroffen hatten, und dann die Deportation in die Sowjetunion mit völlig ungewisser Zukunft für die ganze Familie hatten ihm schwer zugesetzt. Sein Leben hing am „seidenen Faden“. Lotti, die ihn täglich besuchte, gelangte jedes Mal nur bis zum Eingang. Für die Angehörigen war das Betreten der Krankenbaracke, angeblich aus hygienischen Gründen, nicht erlaubt. In die Tür war ein kleines Fenster eingelassen, welches für den Besucher kurz geöffnet wurde. Zu diesem musste sich dann Paul in seinem entkräfteten Zustand mit hohem Fieber hinschleppen, um mit seiner Ehefrau ein paar Worte zu wechseln. An Lottis Besuche und die Gespräche mit ihr an den ersten Tagen seines Aufenthalts im Krankenhaus konnte sich Paul später nicht mehr erinnern. Er wurde mit Penicillin behandelt und von einer sehr kompetenten jungen russischen Ärztin betreut. Sein Zustand besserte sich allmählich. Paul äußerte später, die Ärztin habe sein Leben gerettet, sie hätte manche Nacht an seinem Bett gesessen.

Nach seiner Entlassung aus dem Krankenhaus musste der Rekonvaleszent erst einmal wieder aufgepäppelt werden. In seinem abgezehrten Zustand war zunächst an Arbeiten nicht zu denken. Paul musste durch eine gute Ernährung wieder zu Kräften kommen. Gutes Essen kostete viel Geld. Die Spezialisten bekamen aber nur die Hälfte ihres Gehalts als Krankengeld. Lotti hatte trotz ihres knapp bemessenen Haushaltsbudgets eine kleine Rücklage, zu der noch ein Betrag aus der „Kasse der gegenseitigen Hilfe“ hinzukam. Diese Kasse war von den Deutschen wegen der geringen finanziellen Unterstützung im Krankheitsfall schon sehr früh gegründet worden. So kam Lotti in ihrer praktischen und sparsamen Art mit den ihr zur Verfügung stehenden finanziellen Mitteln aus und konnte ihren Mann ausreichend verpflegen, so dass er sich allmählich erholte und seine berufliche Tätigkeit wieder aufnehmen konnte.

Der Winter hielt lange an. Die Wolga und der Stausee waren zugefroren, und ihre Eisdecke war so dick, dass Lastautos und Pferdegespanne darüber fahren konnten. Diese Fahrten forderten aber jedes Jahr Menschenleben, weil sie zu lange bis in den Frühling hinein fortgesetzt wurden. Lottis Freundinnen waren schon des Öfteren über den zugefrorenen Fluss nach Bolschaja Wolga, einer Siedlung auf dem rechten Ufer, gelaufen. Dieser Ort war größer als Podberesje und bot daher auch mehr Einkaufsmöglichkeiten. Bolschaja Wolga wurde später wie auch Podberesje ein Teil Dubnas. Einer der zwei Bahnhöfe Dubnas trägt jetzt den Namen „Bolschaja Wolga". Ein erneuter Ausflug der jungen Frauen, dem sich auch Lotti anschloss, gestaltete sich aber lebensgefährlich. Nachdem sie schon eine Strecke gelaufen waren, erkannten sie, dass der Fluss nicht mehr vollkommen zugefroren war. Zwischen den Eisschollen gluckste das dunkle Wasser, die Freundinnen mussten im wahrsten Sinne des Wortes von Scholle zu Scholle springen. Gott sei Dank, dass sie vollzählig und heil wieder zu Hause eintrafen. Über die mitgebrachten Delikatessen konnte sich aber keiner mehr so recht freuen.

Abb. 4: Winter auf dem Stausee

Dem langen Winter folgte ein kurzer Frühling. Im April begann es mit aller Macht zu tauen. Die von den Kindern gebauten Schneehütten fielen zusammen, die Schneemänner schmolzen dahin. Bevor die weiße Pracht ganz verschwunden war, unternahmen Lisa und Renate jedes Jahr einen Ausflug zum Stausee. Ihr Weg führte am Werkgelände entlang, dann ging es eine weite Strecke an Gebüsch vorbei, bis sie schließlich zum See gelangten. Auf dem Staudamm angekommen, bot sich den Mädchen das Bild einer riesigen weißen, in der Sonne glitzernden Fläche. Aber der Schein war trügerisch. Beim näheren Hinschauen waren schon breite Risse im Eis erkennbar; der Frühling war im Vormarsch. Das zeigte sich auch an den am Ufer stehenden blühenden Sträuchern. Die Mädchen stellten große Sträuße aus Zweigen von Weidenkätzchen und Erlen zusammen. Damit schwer beladen, traten sie den Heimweg an und beglückten Freunde und Bekannte ihrer Familien. Bald wurden Straßen und Wege wieder begehbar, man brauchte keine wasserdichten Stiefel oder schützende Galoschen mehr. Und am 1. Mai, dem Tag der Arbeit, wurde weisungsgemäß demonstriert.

Das gesellige Leben der Deutschen in Podberesje

Nachdem die materiellen Grundlagen der Deutschen wie Wohnraum, Heizung, temperaturgerechte Kleidung und ausreichende Nahrung gesichert waren, entwickelte sich ein reges kulturelles Leben. Das lenkte die Deportierten von ihren Sorgen und Ängsten ab, die sich ihrer oft bemächtigten und bei den Einzelnen unterschiedlich stark ausgeprägt waren. So fanden sich die Deutschen zum Skat- und Schachspielen zusammen. Auch wurde es zur Tradition, dass jedes Jahr in der Vorweihnachtszeit ein Märchen auf der Bühne des örtlichen Kinos aufgeführt wurde. Die Schauspieler sowie der Regisseur und der Bühnengestalter waren Laien. Die schönste Inszenierung war wohl die des Märchens „Hänsel und Gretel", die ohne weiteres mit einer Aufführung auf einer deutschen Bühne in der Heimat hätte konkurrieren können.

Abb. 5: Laientheater „Hänsel und Gretel"

Außerdem wurden so genannte „Bunte Abende" – einer z. B. unter dem Motto „Melodie und Rhythmus" – gestaltet. Es wurden damals gängige Schlager und Operettenmelodien vorgetragen, begleitet von einem aus Flugzeugspezialisten bestehenden Unterhaltungsorchester. Andere Deutsche zeigten kleine Zauberkunststücke, und eine Laienballettgruppe führte Tänze auf.

Im Februar jeden Jahres fand im Klubhaus ein großer Faschingsball statt. Der Saal wurde höchst originell geschmückt. Die Teilnehmer trugen fantasievolle, meist selbst geschneiderte Kostüme. Dieses Fest wurde von Blochs und ihren Freunden regelmäßig besucht. Damit sie alle gemeinsam an einem Tisch – nicht zu nahe bei der Kapelle – Platz nehmen konnten, schickte man eine Vorhut mindestens eine Stunde vor dem offiziellen Beginn der Veranstaltung voraus. Eines Jahres fiel Paul diese Aufgabe zu. Als Trapper mit Stiefelhose, Stiefeln, einem karierten Hemd sowie einem Lasso als Hauptsymbol seiner Kostümierung ausstaffiert, reservierte er Plätze. Er verkürzte sich die Zeit mit einem Wodka. Aus einem wurden zwei und wahrscheinlich noch mehr. Als schließlich seine Freunde mit seiner Frau eintrafen, fanden sie ihn, mit seinem Lasso am Stuhl gefesselt, schlafend vor. Sie ließen ihn weiter schlummern und stürzten sich in den Faschingstrubel. Paul kam an diesem Abend weder als Trapper noch als Tänzer zum Einsatz. Zur Platzreservierung ließ er sich nie wieder überreden.

Für Lotti wurde es trotzdem ein schöner Abend, sie tanzte und amüsierte sich. In ihrem raffinierten, tief dekolletierten Kleid aus Fallschirmseide, das sie sich von Anni geliehen hatte, sah sie bezaubernd aus. Ihre Freundin Margot war in ihrem Fatima-Kostüm ebenfalls reizend anzusehen und gab eine Sondervorstellung. Leichtfüßig schwebte sie, das Lied „Heute bin ich ja so verliebt, wie heute war ich noch nie verliebt…" trällernd, quer durch den Saal. Die Frage, in wen sie nun eigentlich so verliebt war, blieb allerdings offen. Am nächsten Tag wurde bei Blochs erst gegen Mittag gefrühstückt. Renate zeigte aber keinerlei Verständnis für den verkaterten Zustand ihrer Eltern.

Außer zu den verschiedenen Veranstaltungen im Klubhaus trafen sich befreundete Familien oft an den Wochenenden. So wurden Blochs häufig am Sonntagnachmittag zum Kaffee zur Familie Moser im Steinhaus eingeladen. Wenn sie sich mit ihrer Tochter auf den Weg machten, folgte ihnen die Katze Mine. Bodo bellte wild und wollte sie auch begleiten. Er musste aber öfter zu Hause bleiben, was er nicht so ohne weiteres akzeptierte. Nicht selten geschah es, dass die Kaffeetrinkenden aufhorchten: Bodos Stimme ertönte vor der Wohnungstür. Er hatte seine Kette durchgerissen und war seiner Familie gefolgt. Nun wurde er – so wie er war, den Rest der Kette hinter sich her schleifend – hereingelassen. Befriedigt nahm er seinen Platz unterm Kaffeetisch ein und wartete auf ein paar Kuchenbrocken. Mine hatte sich inzwischen ein geschütztes Plätzchen im gegenüber liegenden Wald gesucht, an dem sie ausharrte, bis Blochs samt Bodo aus der Haustür kamen und den Heimweg antraten. Sie folgte ihnen in lustigen Sprüngen.

Der Sommer in Podberesje

Kaum war der Schnee weggetaut, herrschten nach kurzem Frühling schon hochsommerliche Temperaturen. Nach der Schneeschmelze begannen die Finnenhäusler in ihren Gärten zu werkeln. So auch Paul, dessen Grundstück etwa 500 Quadratmeter betrug. Den Teil, auf dem weniger Nadelbäume standen, bewirtschaftete er. Dem Waldboden war eine Ernte schwer abzuringen, aber Paul tat es mit großer Leidenschaft. Er baute Stangenbohnen, Erbsen, Tomaten, Gurken, grünen Salat und Kürbisse an. Außerdem wuchsen Möhren und Kartoffeln in seinem Garten. Paul erzielte meist gute Ernten, so dass Lotti Wintervorräte anlegen konnte. Kürbis wurde, süßsauer gewürzt, nach altbewährtem Rezept in einem Steintopf aufbewahrt und diente den ganzen Winter über als Kompott. Grüne Bohnen wurden, geschnitzelt und gesalzen, ebenfalls in einem solchen Gefäß konserviert. Tomaten hingen oft bis kurz vor Frosteinbruch am Strauch. Manche – noch grün – wurden in die Walenki gesteckt und holten dort ihre Reife nach.

Auf diese Weise waren Blochs ebenso wie viele andere Finnenhäusler gut mit Gemüse versorgt. Einige der Deutschen bekamen von ihren Angehörigen aus der Heimat regelmäßig Pakete, die unter anderem auch Sämereien enthielten. Diese wurden dann teils verschenkt oder gegen andere eingetauscht.

Hin und wieder wurde etwas aus dem Garten gestohlen, aber nicht von den Russen, sondern von deutschen Kriegsgefangenen, die in Podberesje interniert waren. Sie bevorzugten Kartoffeln und entwendeten sie so geschickt, dass es Paul erst viel später bemerkte. Sie buddelten die Knollen aus und ließen das Kraut stehen. Hier handelte es sich um Mundraub; man konnte die abgemagerten Gestalten nur bemitleiden. Aber zu ihren Landsleuten durften sie ja keinen Kontakt aufnehmen.

Pauls besonderer Stolz im Garten waren seine herrlichen Blumen: Wicken, die sehr intensiv und angenehm dufteten, Ringelblumen, Löwenmäulchen und Cosmeen. Dominierend waren aber die strahlend gelben Sonnenblumen, die in allen Gärten, auch in denen der Einheimischen, zahlreich blühten. Sonnenblumenkerne gehörten mit zur täglichen Nahrung der Russen. Sie wurden von ihnen mit großer Geschicklichkeit im Mund geknackt und die Schalen ohne Verlust des nahrhaften Inhalts ausgespuckt. Die Zugereisten versuchten sich auch in dieser Kunst, brachten es aber nicht zu solcher Meisterschaft.

Im Sommer zogen häufig Gewitter auf, die sich mit Donner, Blitzen sowie einem heftigen Platzregen entluden. Bald danach schien aber schon wieder die Sonne, und die Erde dampfte. In den Sommermonaten kam jedes Jahr eine Eisverkäuferin. Sie schob einen zweirädrigen Karren vor sich her und platzierte sich vor dem Magazin, wo sie den ganzen Tag stehen blieb. In der auf dem Karren stehenden hohen Kiste befand sich das von Eisbrocken gekühlte Speiseeis. Die Kinder, vorwiegend die deutschen, eilten herbei, um sich eine Portion, meist eine kleine, die einen Rubel kostete, zu kaufen. Das Eis schmeckte köstlich nach Sahne und Vanille. Es gab nur diese eine Sorte, aber sie blieb in Renates Leben von all den später genossenen Eisvariationen unübertroffen. Die Kinder konnten diese Jahreszeit so richtig genießen, zumal sich die Schulferien von Juni bis Ende August erstreckten. Wie schon erwähnt, luden die Wolga und der Stausee zum Baden ein. Da der Fluss eine starke Strömung hatte, wurde der See bevorzugt. Auf einer Landzunge konnte man sich gut lagern, sonnen und von da aus bequem in das erfrischende Nass einsteigen. Wenn die Mütter von Lisa und Renate nicht zum Schwimmen mitgehen wollten, schlossen sich die beiden Mädchen anderen Familien an.

Eine ihrer sommerlichen Lieblingsbeschäftigungen war das Blumenpflücken auf den weiten Wolgawiesen. Da sie einen langen Anmarsch von drei bis vier Kilometern hatten, machten sie sich schon am frühen Vormittag auf den Weg, der sie zunächst noch durch den Wald des Ortes führte, dann durch Felder und schließlich auf die Wiesen. Dabei mussten sie einen breiten Bach – auf einem schmalen Balken balancierend – überqueren. Hin und wieder fiel eines der Mädchen ins Wasser. Das störte aber ihr Vorhaben nicht, in der warmen Sonne trocknete die Kleidung schnell. Nun wurden leuchtend-gelbe samtige Blumen, deren Namen sie nicht kannten, Margeriten, Kornblumen, Rittersporn und Klatschmohn gepflückt und zu einem großen Strauß zusammengebunden. Manchmal liefen Renate und Lisa bis zu einer nahe am Wolgaufer gelegenen Ziegelei, die allerdings nicht mehr in Betrieb war. Zwischendurch wurden Pausen eingelegt, in denen sich die beiden Kinder einfach ins Gras legten und in den strahlend-blauen Himmel schauten. Öfter stibitzten sie einen Kohlkopf vom benachbarten Feld und verzehrten ihn mit großem Appetit. Gegen Mittag kehrten die Mädchen zurück, und am Nachmittag teilten sie die Blumen auf mehrere Sträuße auf, die dann ebenso wie im Frühjahr die Weidenkätzchen an die Freunde der Blochschen und Hausmannschen Familien verschenkt wurden.

Am Siebenschläfer feierte Lisa ihren Geburtstag. Außer Renate wurden Monika Müller sowie Susanne Erdinger, genannt Susi, und ihre Schwester Jutta, Jule, eingeladen. Zu der Familie der zuletzt erwähnten beiden Mädchen gehörten noch ein Bruder Günter und die Haushaltshilfe Hanna, die von den Russen am 22. Oktober 1946 auch einfach mitgenommen worden war. Hanna zog später mit einem alleinstehenden Mann zusammen.

Zur Geburtstagsfeier ihrer Tochter Lisa backte Frau Hausmann herrlichen Kuchen. Nach dem Kaffeetrinken vergnügten sich die Mädchen im Freien mit Schaukeln und Seilspringen. Auch das den ganzen Sommer über beliebte „Hinkelding“, ein Hüpfspiel, das körperliche Geschicklichkeit verlangte, ließen die Mädchen nicht aus. Danach wurden mit großem Spaß die bei den vorangegangenen Spielen eingesammelten Pfänder verteilt. Zum Schluss gab es den von allen heiß begehrten Vanillepudding mit Schokoladensoße. Hausmanns gehörten zu den Glücklichen, die in regelmäßigen Abständen ein Paket aus der Heimat bekamen, das unter anderem solche Delikatessen wie Puddingpulver enthielt.

An den langen, hellen und lauen Sommerabenden fanden sich die Jugendlichen aus den Finnenhäusern oft zum Ballspielen zusammen. Beliebt waren Völkerball und Treibball. Dazu eigneten sich die breiten Sandwege zwischen den Häuserreihen, die irgendwann einmal befestigt werden sollten, besonders gut. Die Ballspieler fanden oft kein Ende, bis schließlich einer der Väter zum Heimkommen ermahnte. Nachdem Paul seine Tochter schon einige Male vergeblich gerufen hatte, riss ihm der Geduldsfaden und er donnerte für alle hörbar: „Renate, reinkommen, Arschwaschen!!“ Schallendes Gelächter begleitete Renates Abgang. Sie ließ den Ball sofort fallen und rannte nach Hause, um eine zweite solche Mahnung zu vermeiden. Paul war für seine direkte, oft drastische Ausdrucksweise, die meist Heiterkeitsausbrüche auslöste, auch im Freundeskreis bekannt und daher als Gesellschafter sehr beliebt.

Der Höhepunkt der Sommerferien war das jährlich stattfindende Kinderfest, das von einem speziellen Komitee sorgfältig vorbereitet wurde. Es begann mit einem Festumzug, der vom Zentrum der Siedlung zu einer einige Kilometer entfernten großen Waldlichtung führte. Voran marschierte eine Kapelle, die deutsche Wanderlieder spielte. Den Kindern und Jugendlichen schlossen sich die Eltern an. Auf dem Festplatz

Abb. 6: Straße in Podberesje

waren Stände aufgebaut, an denen es selbst gebackenen Kuchen, belegte Brote und verschiedene Getränke wie Kaffee, Tee und selbst gemixte Limonade zu kaufen gab. Das Schönste an diesem Fest waren aber die vielen Darbietungen, mit deren Proben die Kinder und Jugendlichen schon sehr früh im Jahr begonnen hatten. Mädchen zwischen zehn und zwölf Jahren, die mit bunten Röcken und weißen Blusen bekleidet waren und einen Blumenkranz im Haar trugen, führten den Bändertanz vor. Auch Spiele wie „Eierlaufen“ und „Sackhüpfen“ erfreuten sich großer Beliebtheit. Das Jugendorchester, dem Renate in den letzten Russlandjahren als Akkordeonspielerin ebenfalls angehörte, begleitete den Kinderchor, der Volkslieder sang, und lud schließlich auch zum allgemeinen Tanz ein. Das Fest dauerte bis zum Einbruch der Dunkelheit an.

Gartenfest zu Lottis 30. Geburtstag

Ein schöner Anlass zum Feiern war Lottis 30. Geburtstag im August. Das Fest sollte im Garten stattfinden. Damit es im Fall eines Gewitters nicht abgebrochen werden müsste, wurde das Wohnhaus mit in die Planung einbezogen. Es wurde zunächst leer geräumt, um dann in ihm mehrere kleine Tische mit jeweils vier Stühlen aufzustellen, die zum Teil aus der Nachbarschaft geliehen worden waren. Durch Lämpchen, die die Tische schmückten, sollte die Atmosphäre eines intimen Restaurants nachempfunden werden. Auf den selbst gestalteten Speisekarten wurde als Hauptattraktion „Finnenhausbrot" angeboten. Dieses bestand aus einer typisch russischen Schwarzbrotschnitte, mit Butter bestrichen, mit Tomatenscheiben und Zwiebelringen belegt, die gut mit Salz und Pfeffer gewürzt waren. Außerdem gab es noch verschiedene Salate, die teilweise von den Gästen mitgebracht worden waren. An Getränken bestand eine große Auswahl: Bowle, Bier, Wodka, Krim-Wein und Krim-Sekt wurden angeboten. Getanzt wurde im Haus, auf der kleinen Terrasse und im Garten nach Schlagern der vierziger Jahre, die von einem entliehenen Plattenspieler erklangen.

Blochs hatten alle ihre Freunde eingeladen. Bei der Zusammensetzung der Freundeskreise spielte die soziale Stellung des Mannes eine wichtige Rolle. Ingenieure, Diplom-Ingenieure und andere Akademiker wie Chemiker, Physiker, Mathematiker und Statiker gehörten zu einer Schicht. Das hohe Führungspersonal bildete eine Sondergruppierung. Facharbeiter und Meister blieben meist unter sich. Selten wurden diese Zugehörigkeiten durchbrochen.

Zu den Geburtstagsgästen bei Blochs gehörte natürlich das Nachbarehepaar. Anni sah toll aus: Schlank wie eine Gerte, in einem wunderschönen Seidenkleid, noch aus Deutschland stammend, begeisterte sie die Herren mit ihrem Charme. Paul schwärmte ohnehin für sie, zumal sie ihn immer Paulchen nannte. Walter bestach in seiner Ausstrahlung eines Weltmannes, die noch durch seine sonore Stimme unterstrichen wurde. Beyers aus dem benachbarten Doppelhaus, die mit der bereits erwähnten russischen Familie unter einem Dach wohnten, waren ein gut aussehendes schlankes Paar, wobei Margot nur so vor Lebenslust sprühte. Mosers, Freunde aus einem der Steinhäuser, erweckten eher den Eindruck einer gutbürgerlichen Familie. Marianne war hübsch, und es fehlte ihr nicht an Esprit. Ihr Ehemann Joachim war ebenso groß wie sie, hatte schöne braune Augen und schwarzes Haar. Was ihn aber besonders auszeichnete, war seine Hilfsbereitschaft, die von Lotti öfter in Anspruch genommen wurde. So half er Blochs häufig beim Holzzerkleinern. Söllners bewohnten auch ein Finnenhaus ganz in der Nähe von Blochs. Beide machten durch ihr sympathisches und temperamentvolles Wesen auf sich aufmerksam.

Hilde Kraus wirkte auf die Herren sehr anziehend, zum einen durch ihr reizvolles Gesicht und ihr volles brünettes Haar, zum anderen durch ihr kokettes Wesen. Allerdings durfte sie es mit ihrer Koketterie nicht zu weit treiben, da ihr Ehemann sehr eifersüchtig war. Ein weiteres sehr attraktives Gästepaar waren Roberts, beide groß und schlank, von sportlicher Statur mit offenen, sympathischen Gesichtern.

Die Ältesten in der Runde aber waren Heinemanns mit Anfang vierzig: Maria, auch groß und schlank, mit angenehmen Gesichtszügen, aber etwas biederer Frisur. In fortgeschrittener Stunde, bei ausgelassener Stimmung, zeigte Maria meist, einen Solotanz aufführend, ihre schönen Beine. Durch begeisterten Applaus wurde sie vom Publikum angefeuert. Gerd, ihr Ehemann, ein sehr ruhiger Typ, brauchte aber nur mit den Augen zu rollen, um ihr Temperament zu zügeln.

Lotti, die Gastgeberin des Sommerfestes, gefiel mit ihrem hübschen Gesicht, der üppigen Figur und ihrem freundlichen, anschmiegsamen Wesen. Daher machten ihr die Herren, insbesondere die „Solisten“, häufig Avancen, die sie aber vollkommen kühl ließen. Lotti und Paul waren aufmerksame Gastgeber und bemühten sich, ihre Freunde gut zu bewirten. Paul trug durch seine temperamentvolle gesellige Art sehr zum Gelingen der Geburtstagsfeier bei. Das Fest war geglückt, alle waren in bester Stimmung. Es endete mit einem gemeinsamen Morgenspaziergang an die Wolga. Am Nachmittag, als alle wieder fit waren, trafen sich die Gäste des Vorabends zu einer kleinen Nachfeier mit Kaffee und Kuchen erneut in Blochs Garten.

Die Damen dieser Abendgesellschaft trafen sich wöchentlich einmal separat zum nachmittäglichen Kaffeekränzchen. Diese fanden in den Sommermonaten vorwiegend in den Gärten der Finnenhäuslerinnen statt. Mit dem Kuchenbacken ging es reihum. Obwohl in den ersten zwei Jahren oft nur ein kuchenähnliches Gebäck angeboten werden konnte, waren diese Klatschnachmittage eine willkommene Abwechslung. Sie waren für die Freundinnen auch ein Anlass, sich hübsch heraus zu staffieren. Lotti bereitete das öfter Schwierigkeiten, da sie ihre Garderobe nur zu einem kleinen Teil aus Deutschland mitgenommen hatte. Kleidung, die dem Geschmack der Zugereisten und der damaligen Mode entsprach, konnte man in Podberesje natürlich nicht kaufen. Lotti hatte aber im „Promtowarnaja“ zwei schöne Seidenstoffe erstanden und sich daraus auf einer geborgten Nähmaschine schicke Kleider genäht.

Die Haarfrisur sollte auch möglichst flott sein, wobei man nicht so recht wusste, was zur damaligen Zeit in der Heimat eigentlich modern war. Einen Friseur gab es in Podberesje nicht. Doch die Ehefrau eines deutschen Ingenieurs war vom Fach, sie konnte Haare schneiden, waschen und legen. Allerdings fehlte ihr die Apparatur zur Anfertigung einer Dauerwelle. Eine Russin hatte sich darauf spezialisiert, die zugereisten Damen „elektrisch" zu locken. Auch Lotti machte von diesem Angebot Gebrauch. Die erforderliche Gerätschaft war in einem kleinen Nebengelass des Holzhauses der Russin untergebracht. Dort stand außerdem ein großes Fass mit selbst eingelegtem Sauerkraut. Lotti, an den Apparat angeschlossen, und Renate, die die Mutter begleitet hatte, konnten dem appetitanregenden Duft nicht widerstehen und probierten von dem köstlich schmeckenden Kohl. Frisch gelockt erschien Lotti dann zum Kaffeekränzchen, bei dem „die Liebe" ein dominierendes Thema der Damen war. Lotti, die Jüngste im Kreis, hörte meist staunend zu. Renate erfuhr natürlich von den diskutierten Einzelheiten nur sehr wenig.

Ein Ausflug in die Nachbarstadt Kimry

Hin und wieder unternahmen Blochs einen eigentlich genehmigungspflichtigen Ausflug in die benachbarte Stadt Kimry. Die meisten Deutschen fuhren aber ohne „Sprawka“ dorthin. Kimry liegt etwa zwanzig Kilometer nordöstlich von Podberesje entfernt. Der Name dieser Stadt leitet sich wahrscheinlich von dem Fluss Kimrka her. Dieser stellt eine Verbindung zwischen der Wolga und dem Uglitscher Stausee dar.

Für Blochs war damals der Markt in Kimry der Hauptanziehungspunkt. Sie wollten dort ein von Lotti aus relativ billigem Stoff geschneidertes Kleid verkaufen, um das Haushaltsbudget der Familie etwas aufzubessern. Natürlich wollten sie auch einige Waren für ihren täglichen Bedarf erwerben. Es war nicht so einfach, von Podberesje nach Kimry zu kommen. Bus- oder Bahnverbindungen gab es damals nicht. Blochs gelangten auf nahezu abenteuerliche Weise dort hin, nämlich auf der Ladefläche eines Lastwagens, dessen Route am Markt ihres Wohnortes vorbeiführte. Hier sammelten sich die Reisefreudigen und hofften, mit einem der LKWs, deren Ziel Kimry war, mitfahren zu dürfen.

An einem Sonntag standen auch Blochs an dieser Stelle und warteten. Es dauerte nicht lange, bis ein Lastwagen anhielt und sie, obwohl das Auto eigentlich schon überfüllt war, noch mitnahm. Nachdem beim Fahrer der geforderte Obolus entrichtet worden war, mussten sie sich schnell über die Planke auf die Ladefläche schwingen. Die Fahrt ging los, der LKW raste über die schlaglochreichen Straßen. Dicht gedrängt stehend, hielten sich die Mitfahrenden aneinander fest. Blochs hatten dieses Mal besonderes Glück und konnten sich auf einer Holzkiste platzieren. Darüber währte ihre Freude allerdings nur kurz. Bald wurde ihnen klar, dass sie auf einem Sarg saßen, in

Abb. 7: Hauptplatz in Kimry

dem ein Leichnam ruhte, den sie hin und wieder zu sehen bekamen, wenn der Deckel verrutschte. Am liebsten wären sie sofort aufgesprungen. Das war aber wegen mangelnder Bewegungsfreiheit nicht möglich. Sie mussten auf ihrem Platz ausharren, bis sie am Ziel vom LKW klettern konnten. Der Laster hielt direkt am Markt.

Den geplanten Verkauf überließen Blochs ihrer Tochter mit der Begründung, dass diese sich am besten verständigen könne, was auch den Tatsachen entsprach. Die deutschen Kinder und Jugendlichen beherrschten die russische Sprache in relativ kurzer Zeit viel besser als ihre Eltern. Das Kleid auf einem ausgestreckten Arm präsentierend, bot Renate ihre Ware mit lauter Stimme an. Es gab mehrere Interessentinnen. Diejenige Russin, die bereit war, den geforderten Preis zu zahlen, bekam das Kleid. Hocherfreut über den günstigen Handel und den Erwerb einiger Köstlichkeiten kehrte Familie Bloch in einer „Tschainaja“ (Teestube) ein und stärkte sich mit einem Glas Tee. Dann ging es so wie auf der Hinfahrt auf einem Lastwagen zurück nach Podberesje.

Der Herbst in Podberesje

Nach einem langen warmen Sommer zog allmählich der Herbst ins Land. Ab dem 1. September hatte der Schulunterricht begonnen. Die bei den Jugendlichen sehr beliebten sonntäglichen Tanznachmittage fanden nun wieder statt. Die Schulleitung stellte zu diesem Zweck einen Raum zur Verfügung. Alles Übrige organisierten die Schüler selbst. Sie räumten das Klassenzimmer aus bis auf die Bänke, die sie dann an den sich gegenüber befindlichen Wänden aufstellten. Auf der einen Seite saßen die Mädchen, auf der anderen die jungen Männer. Tanzmusik ertönte aus einem Grammophon. Bei den ersten Klängen formierten sich zögerlich die Paare. Schüchtern wagte man die ersten Schritte, wobei keiner der Jugendlichen richtig tanzen konnte. Einen Tanzlehrer gab es nicht. Jeder passte sich so gut er konnte dem Rhythmus an. Einige Pärchen fanden sich dann immer wieder zusammen. So wurde die dreizehnjährige Renate häufig von dem fünf Jahre älteren Bernd aufgefordert. Die beiden gefielen einander. Einen gemeinsamen Heimweg gab es aber nicht, denn Renate wurde zwischen achtzehn und neunzehn Uhr von ihren Eltern und Hund Bodo abgeholt.

Renate und Bernd trafen sich bald außer sonntags zum Tanz auch in der Woche zu gemeinsamen Skiausflügen und zum Schachspiel. Zwischen beiden bahnte sich eine kleine Liebelei an, bei der es dann auch zum ersten Kuss, zumindest für Renate, kam. Über den jungen Mann kursierte allerdings ein Gerücht, welches auch Blochs zu Ohren kam und sie stark beunruhigte. Es wurde gemunkelt, dass er ein intimes Verhältnis zu einer jungen deutschen Ehefrau unterhalte. Eine offizielle Freundin, wie sie Renate darstellte, wäre für ihn und die angebliche Geliebte ein willkommenes Alibi gewesen.

Diese Geschichte wurde nicht richtig aufgeklärt, zumal Blochs und auch Bernd, dieser nur mit seiner Mutter und seinen Schwestern, ein knappes halbes Jahr später die Heimreise antreten durften. Bernd fuhr nach Erfurt und Renate nach Halle, wo er sie etwa ein Vierteljahr nach ihrer Rückkehr zusammen mit einem Freund besuchte. Zwischenzeitlich bestand ein reger Briefwechsel, der dann nach dem Besuch allmählich seltener wurde und schließlich ganz einschlief.

Bernd war zwar nicht die erste große Liebe Renates, aber zumindest ein erster Schritt auf diesem Terrain. Sie war mit ihren fast vierzehn Jahren ein ganz normal entwickeltes Mädchen, nicht zu dünn, aber auch nicht zu dick. Sie hatte ein rundes frisches Gesicht mit blauen, allerdings kleinen Augen, die schelmisch blitzen konnten, und einem schönen Mund mit vollen Lippen. Die leider nicht so üppigen mittelblonden Haare waren zu Zöpfen geflochten. Ihrem Wesen nach war sie nicht schüchtern, aber auch nicht kokett. Sie schien dem Geschmack der jungen Männer zu entsprechen. Vor Bernds Zeit hatte sie schon einmal ein Jugendlicher namens Lutz zu einem Kinobesuch eingeladen und ein gewisser Peter verfolgte sie geradezu. Durch diese „Männergeschichten" hatte sich Renates Verhältnis zu ihrer Freundin Lisa etwas gelockert. Aber trotzdem erledigten sie täglich noch gemeinsam die Schulaufgaben.

Die Rückkehr der Deutschen in die Heimat

Ende 1950 durfte eine erste Gruppe der in Podberesje arbeitenden deutschen Flugzeugspezialisten in die Heimat zurückkehren. Über die Kriterien, nach denen die Auswahl dieser Personen erfolgte, konnte nur spekuliert werden. Es war anzunehmen, dass diejenigen, deren Tätigkeit durch eingearbeitete russische Fachkräfte übernommen werden konnte, entbehrlich waren. Außerdem wurden die Witwen und Schwerkranken mit nach Hause geschickt. Lotti und Paul waren sehr enttäuscht, noch nicht mit zu den Ausgewählten zu gehören. Anders verhielt es sich dagegen bei Renate, die geradezu ängstlich einer Rückkehr nach Deutschland entgegensah. Sie hatte sich in Podberesje gut eingelebt und verließ nur ungern ihren Freundeskreis, in dem Lisa als ihre beste Freundin nach wie vor eine wichtige Rolle spielte. Ein Leben ohne sie konnte sie sich gar nicht vorstellen.

Im September 1951 wurde die Heimreise einer zweiten Gruppe angekündigt. Dieses Mal waren auch Blochs dabei, Lisas Familie noch nicht. Die Rückreise sollte acht Tage nach ihrer Bekanntgabe erfolgen. Paul war aus dem Betrieb entlassen worden, und Familie Bloch packte ihre Habseligkeiten zusammen. Nachdem ihr Vater nicht mehr zur Arbeit ging, blieb auch Renate der Schule fern, ein paar schulfreie Tage zu haben war zu verlockend. Es verging eine Woche, es verstrich auch der Tag, an dem eigentlich die Abreise erfolgen sollte, aber es tat sich nichts. Nach drei Wochen des Wartens ging schließlich Renate wieder zum Unterricht. Lisa war der Freundin beim Nachholen des versäumten Schulstoffs behilflich. Ende Januar 1952 war es endlich soweit, dass auch die zweite Gruppe deutscher Flugzeugspezialisten Podberesje in Richtung Heimat verlassen durfte.

Niemand erfuhr, weshalb es zu dieser viermonatigen Verzögerung kam. Die Betroffenen nahmen an, dass es aus Gründen der Geheimhaltung geschah. Je länger der zeitliche Abstand von der Tätigkeit im Flugzeugwerk bis zur Abreise war, umso ungenauer würden eventuelle Auskünfte über die geleistete Arbeit sein. In verschiedenen Berichten über die Deportation deutscher Spezialisten in die UdSSR nach dem Zweiten Weltkrieg wird in diesem Zusammenhang von einer „Abkühlungsphase" gesprochen, in der die Deutschen vergessen sollten, woran sie gearbeitet hatten. Für die Elite dauerte diese Zeit über ein Jahr. Obwohl sich die entlassenen Flugzeugbauer schriftlich verpflichten mussten, auch im Namen ihrer Familienangehörigen, keine Auskünfte über ihre Tätigkeit und ihre Lebensumstände in Russland zu geben, wurde diese Sicherheitsmaßnahme noch zusätzlich ergriffen.

Mitten im Winter ging es also wieder auf große Fahrt. Diesmal aber in fröhlicherer Stimmung als vor reichlich fünf Jahren. In Brest wurde wieder umgestiegen, und dieses Mal mussten die Waggons auf Fahrgestelle mit schmalerer Spur gehoben werden. Das brauchte Zeit. Renate nutzte diese, um mit mehreren Gleichaltrigen die Stadt zu erkunden. Sie gelangten schließlich auf den Markt. Die Einheimischen waren verwundert über das plötzliche Auftauchen so vieler Deutscher in der Stadt. Sie wurden von den Jugendlichen über den Grund aufgeklärt, wobei die Marktfrauen aber nicht erkannten, dass sie sich gerade mit Deutschen unterhielten, deren Russisch demnach völlig akzentfrei war.

Renates aufregendstes Erlebnis in Brest war, dass sie von einem jungen Mann, dem Sohn eines Heimkehrers, zum Essen in die Bahnhofsgaststätte eingeladen wurde. Eine „Soljanka" hat ihr nie wieder so gut geschmeckt wie diese. Als die beiden danach wieder in ihren Zug einsteigen wollten, stand dieser nicht mehr auf dem Gleis, auf dem er angekommen war. Er war in ihrer

Abwesenheit umrangiert worden. Nach längerem Umherirren fanden sie ihn endlich. Es war aber auch höchste Zeit, dass Renate und ihr Begleiter zurückkehrten, ihre Eltern waren schon in größter Sorge. Kurz nach ihrem Eintreffen ging die Reise weiter.

Die Ankunft in Halle

Die Durchfahrt durch die ersten deutschen Städte war ernüchternd: alles Grau in Grau, wozu auch das trübe Januarwetter ohne Schnee beitrug. Über Frankfurt an der Oder gelangten die Heimkehrer nach Wolfen, von wo aus sie mit Bussen in ihre Heimatstädte gebracht wurden, Blochs also nach Halle. Dort wurde ihre vor fünfeinhalb Jahren verlassene Wohnung selbstverständlich von einer anderen Familie bewohnt. Blochs legten aber Wert darauf, hier wieder einziehen zu können, zumal das Mehrfamilienhaus in der Lindenstraße ihr Eigentum war. Es musste also für die dort lebende Familie eine Wohnung gefunden werden, was nicht so schnell möglich war. Zur Überbrückung dieser Zeit wurden Blochs in ein hallesches Hotel, nämlich das beste am Platze, ins „Rote Ross" in der Leipziger Straße, einquartiert. Ihr Mobiliar wurde in einer großen Halle untergestellt. Renate war begeistert, in einem so schönen Hotel wohnen zu dürfen, zumal es sich im Stadtzentrum befand und sie nun täglich die für sie völlig ungewohnten wunderschönen Auslagen in den Geschäften bewundern konnte.

Vom Hotel aus hatte Paul sofort nach der Ankunft seinen in einem nahe bei Halle gelegenen Dorf lebenden Bruder Kurt telefonisch benachrichtigt, dass er zusammen mit seiner Familie aus Russland zurückgekehrt sei und sich in die Lindenstraße zu Lottis Eltern begeben werde. Dort begegneten die drei Blochs der Oma Kandler im Treppenhaus, die gerade dabei war, die Stufen zu säubern. Als sie von ihrer Arbeit aufblickte und ihre Kinder vor sich sah, musste sie sich am Geländer festhalten, um nicht vor freudigem Schreck umzufallen. Opa Kandler brach vor Rührung in Tränen aus. Lottis Schwester Elsa, die mit Ehemann Fritz und Tochter Sabine bei den Eltern wohnte, war noch im Dienst, ebenso Schwager Fritz, den

Blochs noch gar nicht kannten. Nach ein paar Stunden traf Pauls Bruder mit seiner Frau aus Niemberg ein. Kurt und Clara hatten ebenfalls in Blochs Abwesenheit geheiratet. Als dann Elsa und ihr Mann nach Hause kamen, war das Großfamilienglück perfekt. Die kleine Sabine wuselte von einem zum anderen. Es wurde eine wunderschöne, völlig unvorbereitete Wiedersehensfeier. Blochs waren nun häufig, solange sie im „Roten Ross" wohnten, zum Mittag- oder Abendbrot bei Oma Kandler zu Gast. Aufgetafelt wurde das, was die Russländer jahrelang vermisst hatten. Bei Renate war Fleischsalat besonders beliebt, bei ihren Eltern Hackepeter.

Am nächsten Morgen fuhren Lotti, Paul und Renate mit dem Bus nach Wurp, einem etwa 18 km von Halle entfernten kleinen Dorf. Dort lebte Pauls 76-jährige Mutter seit sechzehn Jahren, seit sie Witwe geworden war, ganz allein in ihrem kleinen Gehöft. Sie hatte in den fünfeinhalb Jahren, in denen ihre Kinder in Russland sein mussten, nie die Hoffnung aufgegeben, sie wiederzusehen. Ihre Nachbarin war nicht so optimistisch und hatte das auch des Öfteren geäußert: „Mutter Blochn, ich will Ihnen ja nicht das Herze schwer machen, aber die Russen lassen Ihre Kinder nicht wieder nach Hause." Die Großmutter hatte dann jedes Mal entgegnet: „Dann gäbe es keinen Gott im Himmel." Sie betete täglich auf Knien, im wahrsten Sinne des Wortes, für ihre Kinder und deren Heimkehr. Als sie nun ihren Sohn samt Familie so wohlbehalten vor sich sah, dankte sie ihrem Gott. Die Großmutter erzählte mit glühenden Wangen, dass sie in den letzten vergangenen Tagen in Erwartung eines freudigen Ereignisses gelebt habe, welches ihr durch einen Traum mit einem hellen Feuer unter ihrem Tisch angekündigt worden sei. Diese Prophezeiung hatte sich ja nun tatsächlich erfüllt. Sie holte aus ihrer Speisekammer hausgeschlachtete Wurst und auch Schinken; beides wurde von den Russländern mit größtem Genuss verzehrt. Renate aß die geräucherte Knackwurst besonders gern.

Die Großmutter hatte sich in den vergangenen fünfeinhalb Jahren äußerlich kaum verändert, weder von der Statur noch im Gesicht. Zu ihrem greisenhaften Mund als Folge der Zahnlosigkeit und des fehlenden Zahnersatzes standen die noch vollen und frischen roten Wangen sowie die lebhaften blauen Augen in starkem Kontrast. Sie war eine kleine zierliche Frau, die im Sommer wie im Winter stets ein Kopftuch trug, welches sich je nach Jahreszeit nur durch die Stoffqualität unterschied. Im Sommer bestand es aus Batist, im Winter aus Wolle. Ebenso war ihre Frisur seit Jahrzehnten die gleiche, wie es Fotografien bestätigten. Sie trug das schlohweiße Haar in der Mitte gescheitelt und im Nacken zu einem Knoten zusammengesteckt. Auch in ihrer Kleidung war sie „nicht mit der Zeit gegangen“. Renate kannte sie nur in einem knöchellangen, in der Taille angeriehenen Rock, der aus einem der Witterung angepassten Stoff bestand. Ein Mieder mit langen Ärmeln ergänzte ihre Kleidung.

Über den Rock band sie eine latzlose Schürze. In ihrem Gehöft lief sie nur mit Holzpantinen herum, die sie allerdings beim Betreten ihres Häuschens gegen Filzpantoffeln austauschte. Wenn sie nach Brachstedt, ins Nachbardorf, einkaufen ging, trug sie Lederschuhe und wechselte ihre Kleidung gegen ihre „Ausgehtracht“, die aber ebenfalls aus Rock, Mieder und Schürze bestand. Zu besonderen Anlässen zog sie auch jetzt noch, als 76-Jährige, ihr Hochzeitskleid an, welches allerdings nicht aus weißem Stoff gefertigt war, ihr aber immer noch passte. Insgesamt erweckte sie den Eindruck eines liebenswerten Mütterchens, und das war sie auch.

Renate war vom Großstadtgetriebe wie berauscht: die vielen Läden mit den herrlichen Auslagen in den Schaufenstern, die Straßenbahnen und die vielen Menschen, die unterwegs waren. Ihr wurde klar, dass sie sich diesem neuen Leben anpassen und deshalb ihr äußeres Erscheinungsbild aufs Schnellste verändern müsse. In ihrem Wintermantel, den Renates Eltern extra in Russland von einem Schneider hatten anfertigen lassen, und ihren Lederstiefeln samt der von ihrer Mutter gestrickten Mütze passte sie ihrer Meinung nach nicht in das städtische Bild. Als erstes musste aber ihre Frisur verändert werden. Es gelang ihr, die Eltern von dieser Notwendigkeit zu überzeugen. Diese waren in Fragen der Mode selbst sehr verunsichert. Also auf zum Friseur: Zöpfe ab und eine Dauerwelle ins Haar. Dann folgte ein ausgiebiger Einkaufsbummel, den Renate mit ihrer Mutter unternahm und den sie beide sehr genossen. Renate ließ sich mit einem Kaninchenfellmantel, schicken Schuhen und Nylonstrümpfen herausputzen.

Die neu erworbenen Kleidungsstücke stellten sogleich das Geschenk zu ihrem 14. Geburtstag dar. Dieser wurde bei Oma Kandler gefeiert. Gäste waren Gerda und Dagmar, die mit ihren Eltern mit dem gleichen Transport wie Blochs aus Podberesje zurückgekehrt waren, sowie ihre Freundin Ina aus der Kindheit, die immer noch im Nachbarhaus wohnte. Die Oma spendierte eine herrliche Butterkremtorte.

Diese ersten wunderschönen Tage in Halle vergingen wie im Fluge. Nun wurde es aber Zeit, dass sich Paul eine neue Arbeitsstelle suchte und Renate wieder zur Schule ging. Paul wurde Leiter einer Konstruktionsabteilung, die Bäckereimaschinen entwickelte, wie z.B. eine Taktstraße zum Brötchenbacken, also für ihn ein völlig neues Arbeitsgebiet.

Renate hatte in Podberesje die 8. Klasse besucht. Nach dem damaligen russischen Schulsystem wurde mit der 7. Klasse die Grundschule abgeschlossen, und nach absolviertem 10. Schuljahr war Hochschulreife erreicht. Daraus schlussfolgerten Blochs, ihre Tochter in einer der halleschen Oberschulen anzumelden, und zwar in der

August Hermann Francke-Oberschule. Sie wählten diese, weil sie einen guten Ruf hatte und weil sie sich ganz in der Nähe der Lindenstraße befand. Dort gestaltete sich die Aufnahme des Mädchens völlig unproblematisch. Paul Bloch erhielt mit seiner Tochter einen Termin zum Gespräch mit dem stellvertretenden Direktor. Dieser wünschte Einsicht in das Zeugnis der Bewerberin, und zwar in das Abschlusszeugnis der 7. Klasse. Renate musste ihm die Beurteilung in den einzelnen Fächern übersetzen. Sie war fast durchweg mit „otlitschno", das heißt mit „sehr gut", benotet worden, und der Aufnahme in die AHF-Oberschule stand nichts mehr im Wege.

Allerdings musste sich Renate zwischen einem neusprachlichen, einem altsprachlichen und dem mathematisch-naturwissenschaftlichen Zweig entscheiden. Ihrer Vorbildung, aber auch ihrer Neigung nach kam für sie nur eine „B-Klasse", das heißt eine mathematisch-naturwissenschaftliche, in Frage. Wäre Renate mitten im Schuljahr in eine „A-Klasse" eingestiegen, dann hätte sie Probleme im Englischunterricht bekommen, da sie in diesem Fach so gut wie keine Vorkenntnisse mitbrachte. In Podberesje hatte sie kurzzeitig einen Englischkurs, den ein Flugzeugbauer abends nach Dienstschluss in seinen Privaträumen erteilte, belegt, aber ziemlich erfolglos. Für Renate war es problematisch, dass im Englischen die Wörter anders gesprochen als geschrieben werden. Dagegen stimmen im Russischen Aussprache und Schrift im Wesentlichen überein.

Ihren ersten Schultag an der August Hermann Francke-Schule trat Renate mit dauergewelltem Haar, Nylonstrümpfen und dem neuerstandenen grauen Kaninchenfellmantel an. Die Schüler der Klasse 9b waren verblüfft. Später erzählten sie ihr, dass sie von ihnen zuerst für eine neue Lehrerin gehalten worden war. Renate erkannte schnell, dass sie mit ihrem Aufputz völlig danebenlag, und änderte das. Leider war das mit ihrer Haarfrisur nicht machbar, die Zöpfe waren abgeschnitten. Dem Unterricht konnte sie gut folgen. Nur in Geschichte, Staatsbürgerkunde und Erdkunde gab es anfänglich Probleme, die aber spätestens nach den Osterferien durch fleißiges Lernen überwunden waren.

Blochs Wohnung in der Lindenstraße war noch immer nicht bezugsfertig, so dass sich ihr Aufenthalt im Hotel weiter verlängerte. Renate störte das überhaupt nicht, denn für sie kamen noch nette Tanzabende hinzu. Die Familie des jungen Mannes, der sie in Brest zum Essen in die Bahnhofsgaststätte eingeladen hatte, lebte auch noch im „Roten Ross". Manfred fragte bei Renates Eltern an, ob er hin und wieder am Abend im Restaurant, in dem eine Kapelle spielte, ein Stündchen mit ihrer Tochter tanzen dürfe. Blochs hatten nichts dagegen einzuwenden, da sie den jungen Mann für sehr zuverlässig hielten. Renate war hocherfreut. Diese Tanzabende machten für das Mädchen den Aufenthalt im Hotel, der für sie an sich schon nach mehrjährigem Leben in Russland großartig war, noch um ein Vielfaches schöner. Ihr konnte es eigentlich gar nicht besser gehen. Morgens ging sie vom Hotel aus in die Schule, Mittagessen gab es meist bei der Oma. Die Schulaufgaben wurden manchmal in der Lindenstraße oder auch im Hotel erledigt, je nachdem, wo das Abendbrot geplant war, und zu guter Letzt zur Entspannung noch einige Tänzchen.

Renates Eltern wurden aber allmählich ungeduldig, sie wollten endlich in ihre Wohnung einziehen. Schließlich war diese bezugsfertig, das heißt, sie war frisch gemalert und tapeziert, und Blochs konnten ihre Möbel, die fünfeinhalb Jahre im Häuschen von Pauls Mutter gestanden hatten, abholen. Bei Großmutters Heim handelte es sich wirklich nur um ein Häuschen, bestehend aus zwei Zimmern und einer winzigen Küche, abgesehen von den zwei nicht bewohnbaren und nicht heizbaren Kammern unter dem Dach. In diesen wurden im Herbst die Walnüsse von dem riesigen Nussbaum im Garten zum Trocknen ausgebreitet und die vielen Äpfel gelagert.

In einem der beiden unteren Wohnräume war Blochs gesamtes Mobiliar mit Ausnahme der Küche untergebracht, das heißt, es stand alles drunter und drüber. Pauls Mutter lebte also nur in einem Zimmer, womit sie sich aber auch schon vor Pauls Russlandreise begnügt hatte. Der zweite Raum fungierte immer nur als „gute Stube“ und war nur zu besonderen Anlässen genutzt worden. Die Großmutter hielt es, nachdem ihre Kinder die Möbel abgeholt hatten, weiter so, und das Zimmer wurde dann erstmalig zu ihrem achtzigsten Geburtstag, also nach vier Jahren, wieder in Gebrauch genommen. Nun richteten Blochs in Halle mit viel Liebe und Sorgfalt ihre neue alte Wohnung ein, und allmählich verlief ihr Leben in der Heimat wieder in geordneten Bahnen.

Epilog

In den Jahren 1950 bis 1953 wurden die meisten deutschen in die Sowjetunion deportierten Luftfahrtspezialisten in die Heimat entlassen. Die Elite, zu der zum Beispiel B. Baade, F. Brandner, M. Gerlach und K. Prestel gehörten, wurde bis Juli 1954 im Dorf Sawelowo, das sich in der Nähe von Podberesje befand, zur bereits erwähnten „Abkühlung" festgehalten. Sie arbeiteten dort allerdings schon an der Projektierung eines Passagierflugzeugs sowie eines Triebwerkmusters für diese Maschine, die dann in den folgenden vier Jahren in den Dresdner Flugzeugwerken fertiggestellt wurde.

Der Einfluss „ intellektueller" Reparationen auf die Entwicklung der sowjetischen Luftfahrt, die von den in die UdSSR deportierten deutschen Spezialisten geleistet wurden, wird unterschiedlich eingeschätzt. So bezeichnet Butowski (zitiert nach Buchheim 1995) diesen Wissenstransfer als „Beute mit begrenztem Wert". Auch D. A. Sobolew (2000) vertritt die Auffassung, dass die Absicht, das Wissen deutscher Flugzeugbauer für die Entwicklung der strahlgetriebenen Luftfahrt in Russland auszunutzen, keine überwältigenden Resultate brachte. Das steht allerdings im krassen Widerspruch zu seiner Meinung, dass die Sowjetunion ohne die deutschen Erfahrungen nicht schon im Jahr 1946 über eigene Strahltriebwerke verfügt hätte. Die Ursache für die angeblich relativ geringe Effektivität der Arbeit der deutschen Fachleute sieht Sobolew zum einen in ihrer falschen Eingliederung in die sowjetische Flugzeugindustrie, zum anderen darin, dass Zellen- und Triebwerkbau örtlich weit voneinander getrennt wurden. Der Flugzeugzellenbau der Junkerswerke erfolgte in Podberesje, die dazu gehörigen Triebwerke wurden dagegen in Uprawlentscheski, kurz Upra genannt, gebaut, das heißt etwa eintausend Kilometer

Luftlinie entfernt. Außerdem waren die deutschen Luftfahrtspezialisten von der übrigen Fachwelt isoliert. Man nahm sie aus Angst vor Spionage auch nicht in das Zentrale Aero- und Hydrodynamische Institut (ZAGI) oder in andere wissenschaftliche Projektierungseinrichtungen auf, was zu einer gewissen Stagnation ihres Wissensstands führte.

Die Amerikaner verhielten sich in dieser Beziehung geschickter, indem sie die deutschen Fachleute mit amerikanischen Wissenschaftlern und Ingenieuren auf gleichberechtigter Ebene konkurrieren ließen, was für ihre fachliche Weiterentwicklung von großem Nutzen war. Außerdem schlossen sie mit den von ihnen deportierten Deutschen zeitlich begrenzte Arbeitsverträge ab und schränkten ihre Bewegungsfreiheit im Lande nicht in einem solchen Maße ein, wie es die Sowjets handhabten. Allerdings durften die von den Amerikanern angeheuerten deutschen Fachleute in vielen Fällen ihre Familien zunächst nicht mitnehmen, was manchen davon abhielt, in die USA zu gehen.

Für die Sowjets zum Vorteil war, dass sie fast komplette Werke übernahmen, so zum Beispiel die Junkerswerke Dessau. In den USA waren dagegen nur einzelne, allerdings hochkarätige Fachleute von Junkers, wie beispielsweise der Windkanalchef Philipp von Doepp, der Leiter der Jumo-Strahltriebforschung Dr. Anselm Franz sowie der ehemalige Chefaerodynamiker Dr. Sigfried Hoerner, tätig.

Nach 1990 beschäftigte sich eine gesamtdeutsche Forschungsgruppe, der der ostdeutsche Historiker B. Ciesla (1995) angehörte, mit den wirtschaftlichen Folgelasten des Zweiten Weltkriegs in der Sowjetischen Besatzungszone bzw. DDR. Ciesla kam zu dem Schluss, dass die bei Kriegsende in großer Anzahl in sowjetische Hände gelangten Unterlagen mit den darin enthaltenen Ideen und Ergebnissen für eine Neuorientierung der sowjetischen Luftfahrtforschung sehr wohl von erheblicher Bedeutung waren. Danach hatten die Russen vor allem großes Interesse an der deutschen Triebwerksentwicklung, dagegen weniger am Bau der Flugzeugzellen.

Anfang der fünfziger Jahre hatten Ingenieure der ehemaligen Junkers-Werke unter Leitung des Österreichers Ferdinand Brandner, der 1946 nach Kuibyschew (heute Samara) deportiert worden war, ein Propellerturbinenluftstrahltriebwerk (Turboprop-Triebwerk) entwickelt; es kam bei der Antonow An-22 und der Tupolew Tu-114 zum Einsatz. Diese Flugzeugtypen fliegen in modifizierter Form immer noch und weisen bis heute das leistungsstärkste Turboprop-Triebwerk auf, das je in Serie gefertigt wurde. Daraus ist ersichtlich, dass der deutsche Technologie- und Spezialistentransfer in die UdSSR durchaus längerfristig eine große Bedeutung hatte. Der deutsche Einfluss auf die Flugzeugentwicklung der UdSSR erklärt sich darüber hinaus auch aus der Tatsache, dass das Baade-Kollektiv von 1945 bis 1953 an zwanzig Hochleistungsflugzeugen für das sowjetische Militär mitgearbeitet hat.

Es kann davon ausgegangen werden, dass sowohl die Vereinigten Staaten von Amerika als auch die Sowjetunion nach dem Zweiten Weltkrieg von der deutschen Vormachtstellung auf dem Gebiet der Militärtechnik, insbesondere des Flugzeug- und Raketenbaus, partizipierten. Offensichtlich wurde das im Koreakrieg, in dem sich die amerikanische F-86 Sabre und die sowjetische MIG-15 gegenüberstanden. Beide Maschinen wiesen das Tragflächenprofil der Me 262 von Messerschmitt auf. Als Folge des Wissenstransfers aus dem besiegten Deutschland kam es zu einer weitgehenden Angleichung des Forschungsniveaus der Staaten der Anti-Hitler-Koalition auf dem Gebiet der Raketen- und Flugzeugtechnik.

Literaturverzeichnis

Albrecht, Ulrich; Heinemann-Grüder, Andreas; Wellmann, Arend: Die Spezialisten. Deutsche Naturwissenschaftler und Techniker in der Sowjetunion nach 1945. Dietz Verlag Berlin, 1992

Albrecht, Ulrich; Nikutta, Randolph: Die sowjetische Rüstungsindustrie. Westdeutscher Verlag Opladen, 1989

Alexejew, Semjon M.; Walther, Helmut F.: Die deutschen Luftfahrtspezialisten in der UdSSR. In: Flugzeug 1993/4, S. 51-55

Bärwolf, Adalbert: Da hilft nur beten. Dr. L. Muthverlag Düsseldorf, 1956

Bernee, L. P.: Mikolin und der „Baade"-Bomber. In: Flieger-Revue Extra, Heft 18, 2007, 28-39

Bower, Tom: Verschwörung Paperclip. NS-Wissenschaftler im Dienst der Siegermächte. List München, 1987

Brandner, F.: Ein Leben zwischen Fronten. Ingenieur im Schussfeld der Weltpolitik. Verlag Welsermühl München/Wels,1973

Breuninger, Helmut: Wie wir am 22.10.1946 nach der Sowjetunion kamen. Persönliche Aufzeichnung von Dr. Helmut Breuninger (06.01.2013)

Buchheim, C. (Hrsg.): Wirtschaftliche Folgelasten des Krieges in der SBZ/DDR. Namos Verlagsgesellschaft Baden-Baden, 1995

Bukowski, B.; Griehl, M.: Junkersflugzeuge 1933 – 1945. Illustrierter Originalbericht des Prof. Bade an die SMA (Dessau 1946). Verlag Edition Dörfler

Butowski, P.: Beute mit begrenztem Wert. In: Flug Revue 37 (1992), S. 52 und 55 sowie 38 (1993)

Ciesla, B.: „Intellektuelle Reparationen" der SBZ an die alliierten Siegermächte? Begriffsgeschichte, Diskussionsaspekte und ein Fallbeispiel – Die deutsche Flugzeugindustrie 1945 – 1946. In: Buchheim, C. (Hrsg.): Wirtschaftliche Folgelasten des Krieges in der SBZ/DDR. Namos Verlagsgesellschaft Baden-Baden, 1995, S. 79-109

Dubna (Oblast Moskau in Russland). Wikipedia (07.01.2013)

Fisch, Jörg: Reparationen nach dem Zweiten Weltkrieg. Verlag C. H. Beck München, 1992

Gröttrup, Jutta: Die Besessenen und die Mächtigen. Im Schatten der roten Rakete. Steingrüben Verlag Stuttgart, 1958

Hartlepp, Heinz: Erinnerungen an Samara. Deutsche Luftfahrtspezialisten von Junkers, BMW und Askania in der Sowjetunion von 1946 bis 1954 und die Zeit danach. Aviatic Verlag Oberhaching, 2005

Heinkel, E.: Stürmisches Leben. Hrsg. von J. Thorwald. Europäischer Buchklub Stuttgart/ Zürich/ Salzburg, 1955

Heinrich, Reinhart: Jenseits von Babel. Verlag Neues Leben Berlin, 1987

Henze, Bernd: Das Drama von „B 152“: Ein Superjet aus Dresden. In: Das Ostpreußenblatt 1999. webarchiv-server.de (07.01.2013)

Junkers, Hugo: Artikel Hugo Junkers. Wikipedia (06.01.2013)

Kimry (Oblast Twer in Russland). Wikipedia (07.01.2013)

Koos, Volker: Heinkel: Raketen- und Strahlflugzeuge. Aviatic Verlag Oberhaching

Kurowski, Franz: Alliierte Jagd auf deutsche Wissenschaftler. Das Unternehmen Paperclip. Kristall bei Langen Müller Verlag München, 1982

Kusnezow NK-12 (Turboprop-Triebwerk). Wikipedia (04.01.2013)

Lommel, Horst: Junkers Ju 287. Der erste Jet-Bomber der Welt und weitere Pfeilflügelprojekte. Aviatic Verlag Oberhaching, 2003

Lorenz, Holger: Kennzeichen „Junkers“. Ingenieure zwischen Faust-Anspruch und Gretchen-Frage. Die technischen Entwicklungen und politischen Wandlungen der Junkerswerke von 1931 bis 1961. Eigenverlag Marienberg, 2005

Lorenz, Holger: Start ins Düsenzeitalter. Der Strahlverkehr zwischen Geschwindigkeitsrausch und Kostenexplosion. hollipress-Eigenverlag Marienberg, 2008

Lorenz, Holger: Die Variante I des DDR-Jets „Baade-152“. Der Schulterschluss zwischen Walter Ulbricht und der heimgekehrten Junkers-Elite. hollipress-Eigenverlag Marienberg, 2010

Lorenz, Holger: Die Geschichte der Junkers-Flugzeugwerke. Flugzeug-Lorenz/Chemnitz. Flugzeug-lorenz.de (11.03.2013)

Michels, J.; Kuwschinow, S.; Srelow, W.; Woronkow, J.: Deutsche Flugzeug-Spezialisten im sowjetischen Russland. Leben und Arbeit 1945 – 1954 an den Orten Podberesje, Sawjelowo, Tuschino, Chimki in der Moskauer Region. Gorod Krasnoarmeisk M. O., 1996

Michels, Jürgen; Werner, Jochen: Luftfahrt Ost 1945 bis 1990. Geschichte der deutschen Luftfahrt in der Sowjetischen Besatzungszone (SBZ), der Sowjetunion und der Deutschen Demokratischen Republik (DDR). Bernard und Graefe Verlag Bonn, 1994

Mick, Christoph: Forschen für Stalin. Deutsche Fachleute in der sowjetischen Rüstungsindustrie 1945 - 1958. R. Oldenbourg Verlag München/Wien, 2000

Müller, Reinhard: Brunolf Baade und die Luftfahrtindustrie der DDR. Die wahre Geschichte des Strahlverkehrsflugzeuges 152. Sutton Verlag Erfurt, 2010

Operation Overcast. Wikipedia (06.01.2013)

Pflügel, Kurt: Schicksale deutscher Luftfahrtingenieure. Müritzsee – Dessau – Wolga 1945 bis 1954. Selbstverlag Kurt Pflügel Dießen/Ammersee, o. J. (1960)

Radinger, Willy; Schick, Walter: Me 262. Erprobung und Fertigung des ersten einsatzfähigen Düsenjägers der Welt. Aviatic Verlag Oberhaching

Radinger, W.; Schick, W.: Messerschmitt. Geheimprojekte. Aviatic Verlag Oberhaching

Samara. Wikipedia (07.01.2013)

Siebel Flugzeugwerke. Wikipedia (06.01.2013)

Singer, Friedemann: Als lebende Reparation an der Wolga 1946 – 1950. Verlag Books on Demand, Norderstedt, 2008

Sobolew, D. A.: Deutsche Spuren in der sowjetischen Luftfahrtgeschichte. Verlag E. S. Mittler und Sohn Hamburg/Berlin/Bonn, 2000

Wagner, W.: Die ersten Strahlflugzeuge der Welt. Bernard & Graefe Verlag Koblenz, 1989

Edition Amici

Essay

Alf Hermann: Doch alle Kunst will Ewigkeit.
Essays mit einer neuen Sicht auf alte Meister

Alf Hermann: Noch einmal nachgedacht.
Ein Essay über sieben letzte Fragen

Drama

Helmut Landwehr: Romanzero. Disparates.
Zwei Versuche über Heinrich Heine

Prosa

Marion Röttgen: Kindheiten – Kurzgeschichten

Marion Röttgen: Schlimme Geschichten

Rolf Jeblick: Tunakler.
Geschichte eines Besatzungskindes

Studien

Hanns Frericks: Kant und seine Relevanz für
ethische Probleme der Gegenwart.

Hanns Frericks: Was ist ein guter Roman?

Hermann-Röttgen, Marion; Kerig, Gero (Hrsg.):
Besser hören – besser zuhören – besser lernen.
Studien zum Thema Akustik und Lernverhalten

Denny Paulicke: Was ist Gesundheit?

Reinhard Steiner (Hrsg.): Ornament und Klang.
Festschrift für Herwarth Röttgen

Bambini

Marion Röttgen: Tolga hat's nicht leicht.
Die Freundschaft zwischen einem deutschen
Mädchen und einem türkischen Jungen